수학자 위의 축구공

수학자의 축구공

강석진 지음

문학동네

서문

『축구공 위의 수학자』를 펴낸 지 십 년이 지났다. 강산이 변할 만큼의 세월이다. 그 동안 한국 축구는 2002년 월드컵에서 '4강 신화'를 이루어냈고, 한국 펜싱은 2000년 시드니 올림픽(남자 플뢰레)과 2002년 세계선수권대회(여자 에페)를 제패했으며, 한국 야구는 2006년 '월드 베이스볼 클래식'에서 세계 4강에 올랐다. 그리고 나의 우상 '농구 천재' 허재는 은퇴하여 한국 농구의 '전설'이 되었다. 정말 강산이 변한 것 같다.

그러나 스포츠를 사랑하는 내 마음은 하나도 변하지 않았다. 지금도 나는 일 주일에 한 번씩 학생들과 축구를 하(려고 노력하)며, 시간이 날 때마다 (사실은 시간을 억지로 내서) 상암동 월드컵경기장과 잠실야구장을 즐겨 찾는다. 뉴스를 봐도 스포츠 뉴스, 신문을 봐도 스포츠 면을 주로 본다. 때로는 지하철에서 스포츠신문을 사서 읽기도 한다. 스포츠는 나에게 있어 인생을 비추어보는 '삶의 거울'

이기 때문이다.

  이 책은 이렇게 스포츠를 사랑하는 내 마음의 '극히 일부'를 정리한 것이다. 내가 좋아하고 존경하는 스타플레이어들에 대한 추억은 물론, 2002년 월드컵의 감동, 스포츠 계에 바라는 것들, 축구에 대한 짝사랑 등을 이 책에 담았다. 『축구공 위의 수학자』의 주인공이 허재였다면 이 책의 주인공은 '그 밖의 모든 사람들'인 셈이다. 그래도 '농구 천재' 허재에 대해서는 특별히 한 장을 할애했다. 그는 나의 우상이니까.

  스포츠를 이해하고 받아들이는 방식은 사람마다 다르고 그만큼 다양할 수밖에 없겠지만, 나는 이 책에서 스포츠의 정치적 영향력, 경제적 파급효과, 역사적 변천과정, 사회·문화적 의미 같은 것을 다루려고 하지 않았다. 그저 '스포츠를 스포츠로서 있는 그대로 직시하는 것'이 이 책의 목적이다. 나는 그렇게 해야 스포츠가 주는 순수하고 뜨거운 감동을 가장 진하게 느낄 수 있다고 믿는다.

  내가 스포츠를 사랑하는 이유는 한마디로 말해서 정정당당하고 치열한 승부의 아름다움과 감동 때문이다. 내가 지도하고 있는 서울대학교 자연대 축구부의 모토도 '정정당당하고 아름다운 축구'이다. 이 책을 읽은 사람들이, 특히 젊은 학생들이, "우리 반칙하지 말자. 반칙하지 않아도 이길 수 있다" 이런 생각을 한다면 정말 좋겠다.

2006년 여름
강석진

| 차례 |

서문

1부 아름다운 승부사들

아! 이상훈…… _ 013 | 챔피언님, 부디 건강하십시오 _ 016
링 위에서 산화(散華)한 김득구의 투혼 _ 019 | 킨샤사의 기적 _ 024 | 레온 스핑크스 _ 030
마르코 타르델리의 불타오르는 눈빛 _ 034 | 다이빙, 멋있잖아요? _ 036
고마운 사람, 소중한 사람 _ 039 | 홍기표의 역주, 그 아름다운 마라톤 정신 _ 042
강초현의 해맑은 눈물, 해맑은 미소 _ 045 | '세계 2등'의 아름다운 뒷모습 _ 049
동메달의 아름다움 _ 052 | 멍이 든 왼쪽 무릎 _ 054 | 축구 못지않게 사랑해주세요 _ 057
월드 스타의 아름다운 양심선언 _ 059

2부 축구공 위의 대한민국

치앙마이의 경고 _ 065 | 추락하는 것은 날개가 없다 _ 074 | 2003년의 한국 축구 _ 080

한국 축구, 위기의 본질은 무엇인가? _ 107 | 히딩크와 함께한 1년 _ 116

평화의 기도 _ 130 | 대~한민국!! _ 133 | 이게 꿈은 아니겠지? _ 136

월드컵을 마무리하는 마음 _ 139 | 꿈★은 이루어진다 _ 142 | 감사합니다 _ 144

K-리그의 르네상스 _ 147 | 공동경비구역 _ 151

스포츠와 인생-2002년 월드컵 대표팀 이야기 _ 154

월드컵을 인간의 빛깔로 물들인 스타들 _ 159

3부 농구 대통령 허재

우리들의 일그러진 영웅 _ 177

박제가 되어버린 '농구 천재', 날개를 달 수 있을 것인가? _ 186

허재 인터뷰—그게 다 눈물이었다 _ 193 | 정상에서 내려오기 _ 200

결코 포기하지 않는다 _ 203 | 한번 날아간 새는 다시 돌아오지 않는다 _ 205

'농구 천재'가 '전설'이 되던 날 _ 207

4부 그대들에게 바란다

스포츠와 선거 _ 225 | 그늘에도 아름다움은 있잖아요 _ 229 | 박종환과 차범근 _ 232

내가 스포츠신문을 끊은 이유 _ 237 | 심판은 홈팀에게 유리한 판정을 하라(?) _ 241

저럴 땐 의사가 총알같이 튀어올라왔으면 _ 243 | 서울운동장이 없어진다 _ 245

그 잘난 정규방송 때문에!! _ 248 | 테니스, 학원 라이벌전 _ 251

나는 그래도 태극 마크가 좋다 _ 254 | 거꾸로 나타나는 월드컵 효과? _ 257

채점결과 발표 _ 260 | FA컵 유감 _ 263 | 젊은 넋을 위하여 _ 265

'육상의 봄'은 올 것인가 _ 268 | 뿌린 만큼 거두려는 마음 _ 272 | 교환법칙 _ 275

5부 수학자 위의 축구공

예일-하버드 축구경기 _ 279 | 축구와 나 _ 284 | 순대가…… 어느 대학입니까? _ 287

사랑의 아픔 _ 290 | 3-4위전의 의미 _ 293 | 뜨거운 여름날의 추억 _ 296

그네―마르크 비비앵 푀를 추모하며 _ 298

요괴 축구인간―빨리 축구인이 되고 싶다 _ 300

1부

아름다운
승부사들

아! 이상훈……

 이런 야구 경기를 또다시 볼 수 있을까? 정말 극적인 경기였다. 아니, 정말 '스포츠적'인 경기였다(어떤 드라마도 실제 스포츠 경기보다 더 극적일 수는 없는 법이니까).
 2002년 한국시리즈 6차전 삼성과 LG의 경기. 고관절 부상으로 제대로 걷지도 못하는 LG의 김재현이 6회 초 5대 5 동점인 상황에서 1, 2루 주자를 모두 불러들이는 통렬한 '2루타 성 히트'를 때렸을 때 나는 그 장면이 그 경기의 하이라이트가 될 것이라고 생각했었다(나는 원래 '불량기(?)'가 줄줄 흐르는 그의 모습을 좋아한다). '골리앗'처럼 보이던 삼성의 마무리 노장진이 어이없이 통타 당하여 스코어가 9대 5로 벌어졌을 때는 7차전의 상황을 미리 예상해보며 방정을 떨기도 했다.
 8회 말 삼성이 9대 6으로 따라붙자 LG는 '삼손' 이상훈을 마운드에 올렸다. 그러나 준 플레이오프, 플레이오프를 거치며 이미 지칠 대로 지친 이상훈의 공은 삼성의 거포들을 압도할 만한 위력을 지니지 못했다. 다행히 8회는 넘겼지만 9회 말에 위기가 찾아왔다. 김재걸에게 2루타, 강동우는 겨우겨우 삼진, 브리또는 볼 넷.

그리고 '국민 타자' 이승엽이 등장했다. 이상훈의 밋밋한 슬라이더가 가운데로 몰리자 이승엽의 배트가 섬광처럼 번뜩였다. 이승엽이 두 팔을 하늘 높이 쳐들었다. 스탠드 중단으로 높이 날아가 꽂히는 큼지막한 동점 홈런이었다. 9대 9. 이상훈이 물러나고 최원호가 올라오자 이번엔 마해영이 불꽃처럼 타올랐다. 오른쪽 담장을 넘어가는 끝내기 홈런을 때려낸 것이다. 한국 프로야구 사상 가장 '스포츠적'인 순간이었다.

이승엽은 뜨거운 눈물을 줄줄 흘렸다. 코끼리 같은 거구의 양준혁도 이승엽을 얼싸안고 하염없이 눈물을 뿌려댔다. 마해영은 너무나 좋아하다가 안경을 잃어버리고 "내 안경! 안경 줘!"를 외쳤다. 미동도 하지 않고 허탈하게 앉아 있는 LG 선수들의 모습이 비춰졌다. 그런데 이상훈의 모습은 어디에도 보이질 않았다. 방패연처럼 커다란 구멍이 뚫린 내 가슴 한복판으로 차가운 겨울 바람이 휘익 휘익 지나갔다. 이상훈은 내가 그저 좋아하는 선수가 아니라 진심으로 존경하는 선수이기 때문이다.

이상훈은 한국과 일본 무대에서 (적어도 보통 사람들이 보기엔) 충분한 성공을 거뒀음에도 불구하고 메이저리그라는 더욱 커다란 무대로 진출하여 자신의 한계에 도전했다. 그리고 2년 반 동안 뼈아픈 시련을 겪었다. 그래도 그는 물러서지 않고 치열한 도전정신의 정수(精髓)를 보여줬다.

2002년 5월 한국 무대로 복귀한 이상훈은 정규 리그가 끝날 때까지 눈부신 활약을 펼쳤다. 그러나 한국시리즈에서는 별로 잘하지 못했다. (본인이야 비겁하게 핑계대기 싫겠지만) 준 플레이오프, 플레이오프를 거치면서 너무 지쳐버린 것이다. 그러나 그는 자신의 한계 앞에서 도망치지 않았다. 순전히 오기와 자존심만으로 마지막까지 혼신의 힘을 다해 공을 뿌렸다. 그리고 당당하게 패배했다. 8회 말 프로야구 사상 가장 '스포츠적'인 패자가 될 운명을 앞에 두고 마운드를 향해 전력으로 달려나가던 이상훈의 모습이 지금도 눈앞에 생생하다. 앞으로 나는 그를 더욱 존경할 것 같다.

(2002)

* 이상훈은 2004년 SK로 이적했다가 기대만큼의 활약을 보이지 못하자 은퇴를 선언하고 지금은 가수 생활을 하고 있다. 홍대 앞 카페에 가면 그의 노래를 들을 수 있다는데 나는 아직 가보지 못했다.

챔피언님, 부디 건강하십시오

얼마 전 포항공대에 출장을 다녀오는 길에 김포공항에서 지하철을 탔다. 옆자리에 앉은 아저씨가 은근한 목소리로 말을 걸어온다.

"유제두 선수 알아?"

갑자기 웬 유제두? 유제두는 WBA 주니어 미들급 세계 챔피언을 지낸 우리나라 복싱의 '전설'이 아닌가?

"저 사람 유제두 아녀?"

아저씨가 가리키는 손가락을 따라가보니 건장한 몸집의 신사가 지하철 문 쪽에 서 있었다. 유제두였다. 1975년 일본의 와지마 고이치를 7회 2분 4초 만에 KO로 누르고 세계 챔피언 자리에 오르던 모습이 추억처럼 떠올랐다.

  그런데 집으로 가기 위해 2호선으로 갈아타자 '전설'의 모습이 바로 눈앞에 보였다. 나도 모르게 꾸벅 인사를 했다. 그가 의아한 눈빛으로 누구냐고 물어온다. 아아, 그러나 그때 내가 근무하던 고등과학원이라는 데가 얼마나 설명하기 어려운 곳인가? 우리나라 기초과학 연구의 메카를 자처하며 '불철주야 연구에 매진(!)하고' 있건만 지금도 고등과학원 연구원들은 이따금 황당한 전화를 받는다.

"거기 고등과학원이죠?"
"네, 그렇습니다."
"거기 혹시 중학 과학도 가르쳐주나요?"

  장황한 설명 끝에 내가 수학을 연구하는 교수라는 걸 겨우 알렸더니 위아래로 다시 훑어본다. 차림새를 보이니 '영… 이니올시다' 였던 모양이다. 다급해진 나는 내가 본 그의 경기 장면들을 읊어댔다. 히라이데, 캐시어스 나이도, 가네자와 히데오, 와지마 고이치…… 그제서야 그가 (경계를 풀고?) 말문을 열었다.

"어떻게 나보다 더 기억을 잘하네?"
"얼마 전에 후지 TV에서 특별 프로그램을 찍어갔어. 와지마를 다시 만났지."
"지금은 체육관에서 애들 가르치고 있어. 서울대학교에도 복싱

부가 있더라고. 지금은 침체돼 있지만 얼마 안 가 복싱이 다시 활성화될 거야."

나는 선생님 말씀을 경청하는 착한 학생처럼 차렷 자세로 그의 말을 들었다. 사람들 몇몇이 우리 주위에 몰려들어 그에게 인사를 한다. 그는 다음과 같은 말을 남기고 떠나갔다.

"옛날 생각 자꾸 하면 현재를 살아갈 수가 없어. 과거는 잊고 지금 주어진 환경에 충실하게 살아야지."

나는 그처럼 잊어야 할 화려한 과거가 있는 것도 아니지만 그의 말을 소중하게 가슴 깊이 새겼다.

"챔피언님, 부디 건강하십시오."

(2003)

링 위에서 산화(散華)한 김득구의 투혼

10여 년 전 어느 방송의 〈그때 그 사건〉이라는 프로그램에서 비운(悲運)의 복서 김득구의 생애를 다룬 적이 있다. 얼마 전에는 그의 일대기가 〈챔피언〉이라는 제목으로 영화화되기도 했다. 나는 그것을 보고 오래 전에 일어났던 그의 비극과 함께 그 프로그램과 영화에서는 다루지 않았던 몇 가지 사실들을 다시 되돌아보게 되었다.

1982년 11월 14일 미국 라스베이거스 시저스 팰리스 호텔 특설 링에서는 챔피언인 미국의 레이 '붐붐' 맨시니와 도전자인 한국의 김득구 사이에 WBA 세계 라이트급 타이틀전이 벌어지고 있었다. 경기 전 전문가들의 예상은 김득구의 초반 KO패. 맨시니는 24승(19KO) 1패라는 화려한 전적과 '붐붐'이라는 별명이 말해주듯 맹렬한 인파이팅으로 세계를 제패한 미국의 떠오르는 희망이었고, 김득구는 '깡다귀' 말고는 별다른 주무기가 없는 무명의 동양 챔피언이었기 때문이다. 그러나 막상 경기가 시작되자 오히려 김득구가 맨시니를 맹렬하게 밀어붙이기 시작했다. 의외로 강하게 치고 나오는 김득구의 투혼에 맨시니가 당황하는 사이에 김득구는 맨시니와 한치도 물러서지 않는 전면전을 펼쳐 10회가 지날 때까지는 경기 내용면에서 김득구의 우세가 뚜렷했다.

그러나 11회부터 맨시니 역시 김득구에 못지않는 근성으로 맞받아치기 시작했다. 김득구의 눈에서도 맨시니의 눈에서도 파란 불꽃이 튀었다. 그리고 그것으로 김득구의 한계가 왔다. 현격한 실력의 차이를 투지만으로 극복할 수는 없었던 것이다. 14회가 시작되어 김득구와 맨시니가 링 중앙에서 맞붙었을 때 맨시니의 결정적인 카운터 블로우가 터졌다. 맨시니의 강력한 레프트 훅에 김득구가 비틀거리는 순간 맨시니의 라이트 스트레이트 강타가 다시 김득구의 턱에 작렬, 김득구는 링 위에 장렬하게 쓰러졌다. 통렬한 다운이었다. 김득구는 사력을 다해 로프를 붙잡고 일어서려 했지만 레퍼리가 카운트 10을 다 헤아릴 무렵에야 겨우 휘청거리는 몸을 일으켜세울 수 있었다. 그러나 때는 이미 늦어 있었다. 레퍼리는 양 팔을 크게 흔들어 카운트아웃을 선언했고, 김득구는 그만 맥이 풀린 듯 다시 링 바닥에 쓰러지고 말았다.

그는 다시는 일어나지 못했다. 뇌사상태에 빠진 것이다. 비극의 시작이었다. 김득구는 각종 첨단 의료장비에 의지하여 겨우겨우 생명을 이어갔지만 의학적으로는 이미 사망한 상태였다. 결혼을 세 번이나 해야 했을 만큼 험난하고 기구한 인생을 살아왔던 그의 어머니는 이번에는 '아들을 죽이러' 미국으로 날아가야 했다. 김득구의 생명연장장치를 제거하려면 친부모의 동의가 필요했기 때문이다. 링 위에서 다시 쓰러진 채 잠들어 있는 듯한 상태로 99시간 동안 생명을 이어가던 김득구는 그렇게 그의 어머니가 보는 앞에서 이 세상을 떠나갔다. 가난을 이겨내려고 몸부림치던 한 젊은이의 불꽃같은 삶이 안타깝게 스러지는 순간이었다.

비극은 그것으로 끝나지 않았다. 이번엔 아들의 죽음이 가난을 물려준 자기 탓이라고 비관한 그의 어머니가 스스로 목을 매어 삶을 마감한 것이다. 당시 임신중이던 그의 약혼녀 또한 늠름하게 떠나갔던 그가 관 속에 누워 돌아온 사실을 도저히 믿을 수 없었지만 뱃속에 있는 그의 아기를 생각하며 가슴 저며오는 슬픔을 이겨내야 했다(이젠 그의 유복자도 늠름한 이십대로 성장해 있을 것이다).

이러힌 비극의 와중에서도 인긴 이하의 사익한 음모를 꾸미는 사람들도 있는 것일까? 졸지에 양아들과 아내를 잃고 슬픔으로 세월을 보내고 있던 김득구의 아버지에게 서울의 '어느 고마운 분'에서 연락이 왔다. 맨시니가 미안하다며 승용차를 보내왔는데 승용차를 찾으려면 세금을 내야 하니 30만원을 들고 오라는 것이었다. 김득구의 아버지는 그나마 고마운 일이라고 생각하고 어렵게 30만원을 마련하여 서울행 고속버스에 올랐다. 서울 고속버스 터미널에서 그를 반갑게 맞이한 '고마운 신사'는 돈을 받아들고는 승용차를 가지러 어디론가 사라진 후 다시는 돌아오지 않았다. 나는 그때부터

인간은 누구나 다 존엄하다는 진리를 의심하게 되었다.

한편 김득구의 맹렬한 투혼에 밀려 패배 일보 직전까지 갔다가 극적인 역전 KO승으로 타이틀을 방어하여 기쁨에 차 있던 레이 맨시니에게도 김득구의 죽음과 그의 어머니의 자살은 청천벽력과도 같은 이야기였다. 링 위에서 아무리 처절한 사투를 벌인 뒤라도 경기가 끝나면 서로 얼싸안고 격려하는 것이 권투선수들이다. 그런데 자신의 펀치를 맞고 상대방이 숨졌다면 충격을 받지 않을 선수가 몇이나 되겠는가. 게다가 그의 어머니까지 그 일 때문에 자살을 했으니 맨시니가 받은 정신적 충격은 이루 헤아릴 수 없는 것이었다. 그뒤로 그는 권투에서 멀어져 방황하다가 한참 후에야 겨우 링에 복귀할 수 있었다.

그러나 그의 강펀치가 사람의 목숨을 빼앗을 수도 있다는 두려움이 그를 사로잡고 있었기 때문일까? 그에게선 더이상 그 이전의 태풍처럼 몰아치던 인파이팅은 찾아볼 수 없게 되었다. 결국 맨시니는 리빙스턴 브램블에게 14회 KO로 져서 타이틀을 빼앗기고, 재도전에도 실패한 이후 젊은 나이로 링을 떠나고 말았다. 세계적인 슈퍼스타로 떠오르던 레이 맨시니가 김득구의 죽음으로 인해 자신의 무한한 잠재력을 한껏 꽃피우지 못하고 링을 떠난 것도 또하나의 비극이었다.

그로부터 오랜 세월이 흐른 지금도 나는 알 수가 없다. 맨시니의 통렬한 강타를 맞고 죽음 일보 전이었던 김득구가 어떻게 해서 자신의 몸을 일으켜세울 수 있었는지를. 이리저리 휘청거리는 몸을 로프를 붙잡고 겨우 일으켜세운 그가 심판이 카운트아웃을 선언하자마자 허망하게 무너져내리던 장면은 지금도 내 가슴에 남아 과연 삶과 죽음의 경계란 무엇인가를 다시 한번 생각하게 한다.

(1996)

킨샤사의 기적

지난 2003년 1월 호주 출장을 다녀오는 길에 시드니 공항의 서점에 들렀다. 그리고 사건을 저질렀다. 무려 90달러나 하는 무하마드 알리의 전기를 산 것이다(물론 가격은 호주 달러이므로 들리는 것처럼 무시무시한 가격은 아니다). 이 책에는 알리의 어린 시절부터의 모습이 여러 가지 사진과 함께 생생하게 그려져 있다. 너무 어렸던 탓에 이미 전성기를 지난, 그러니까 3년 반 동안의 자격정지에서 풀려난 이후의 모습만을 알고 있는 내겐 정말 소중한 자료가 될 것이다.

 내가 알리의 모습을 처음 본 것은 1971년 3월 8일 조 프레이저와의 경기였다. 그것도 생방송이 아니라 시간이 한참 지나 연말 스포츠 특집에서 보았다(우리집에 TV가 생긴 것이 1971년 9월이었다). 알리의 현란한 풋워크와 기관총처럼 빠른 펀치, 해일처럼 몰아치는 프레이저의 인파이팅과 강력한 레프트 훅이 어우러진 그 경기는 그야말로 '세기의 대결'이었다. 그러나 알리는 15라운드에서 프레이저의 태풍 같은 레프트 훅을 턱에 얻어맞고 통렬한 다운을 당하며 판정으로 지고 만다. 그날 나는 혼자 방구석에 처박혀 이불을 뒤집어쓰고 오랫동안 서럽게, 서럽게 울었다.

다음해 무명의 해병용사 켄 노턴에게 턱뼈가 부서지며 또다시 판정으로 졌을 땐 모두들 알리의 권투 생명은 끝이 났다고 생각했다. 그러나 알리는 기적적으로 부활했다. 피나는 훈련으로 '나비처럼 날아 벌처럼 쏘는' 풋워크를 되찾고 조 프레이저와 켄 노턴을 모두 판정으로 물리치며 세계 타이틀 도전권을 따냈다.

그 당시 세계 타이틀은 이미 주인이 바뀌어 조지 포먼이 챔피언이었다. 조지 포먼은 1973년 1월 22일 조 프레이저를 무려 여섯 번이나 다운시키며 2회 TKO로 승리하고 왕좌에 올랐다. 정말 무시무시한 모습이었다. 일본에서 벌어진 조 킹 로먼과의 경기는 1회 1분 57초 만에 끝이 났다. 로먼은 세번째 다운을 당한 후 커버링을 얼굴에 붙인 채 초점이 흐려진 눈으로 그대로 쓰러져 있었다. 그리고 켄 노턴마저 2회에 무너졌다. 켄 노턴이 조지 포먼의 핵주먹을 맞고 링 위를 허우적거리며 침몰하던 생각이 난다.

그러므로…… 1974년 10월 30일 지금은 콩고민주공화국이 된 자이르의 수도 킨샤사에서 무하마드 알리가 조지 포먼의 타이틀에 도전했을 때 나는 그저 알리가 살아남기만을 바랐다. 살아남기만 하면 알리의 위대함은 영원할 것이므로 제발 살아남기만을 기도했다. 그러나 알리는 그가 진정으로 위대하다는 것을, 세상 모든 사람들의 상상을 뛰어넘어 구름 위의 태양만큼 위대하다는 것을 온몸으로 증명할 준비를 하고 있었다.

알리와 포먼의 경기는 승부가 너무 뻔하다고 생각해서였을까, 우리나라 TV에서 실황 중계를 해주지 않았다. 중계를 해줘도 학교 수업 때문에 볼 수도 없었겠지만. 그런데 학교에서 어느 녀석이 라디오 뉴스를 몰래 듣고 알리가 이겼다는 유언비어를 퍼뜨렸다. 우리들은 우르르 체육교무실로 몰려가 체육선생님께 여쭈었다.

"오늘 권투 어떻게 됐어요?"
"이상하게 오늘 중계를 않더라?"
"알리가 이겼다면서요?"
"이 자식아, 훠맨(!)이 이기지, 어떻게 알리가 이기냐?"

그러나 그날 집에 돌아와 펼쳐본 석간신문에는 태산이 무너지듯 침몰하는 포먼과 힘께 두 팔을 높이 치켜든 알리의 위대한 모습이 큼지막하게 실려 있었다. 8회 2분 58초. 알리의 기적적인 KO승. 다음날 나는 그 경기의 녹화방송을 보기 위해 작은아버지 댁에 갔다 (우리집 TV는 "교육방송이 생기기 전까지는 우리집은 TV를 보지 않는다"는 아버지의 '폭탄선언' 이후 벽장에 집어던져져 있었다). 그리고 〈디즈니 만화 동산〉을 보겠다고 울며불며 떼를 쓰는 (무려 열 살이나 어린!) 사촌동생과 한 시간가량 씨름을 하며 겨우겨우 '킨샤사의 기적'을 목격할 수 있었다(그 녀석에겐 지금도 미안하다).

알리가 포먼을 맞아 세운 작전은 이제는 전설이 돼버린 '로프 어도프(rope a dope)'였다. 알리는 로프에 기대어 포먼의 원자폭탄 같은 강타를 겨우겨우(솔직히 그렇게 보였다) 피하며, 때로는 한두 대를 맞으며 버텼다. '나비처럼 날아 벌처럼 쏘는' 모습은 찾아보기 어려웠다. 승패를 알고 봤기에 망정이지 그러지 않았다면 나는 어떻게 됐을지 모른다. 승패를 알고 있으면서도 심장이 멎어버릴 것 같았으니……

알리는 사실 그때 많이 맞았다. 조 프레이저나 켄 노턴처럼 포먼의 핵주먹을 정타로 맞지는 않았겠지만 정말 강력한 펀치를 상당히 많이 맞았다. 복부에도 많이 맞았고, 간혹 턱에도 포먼의 강력한 펀치가 터졌다. 그중 몇 번은 턱이 들릴 정도였다. 알리의 위대함 중에 사람들이 흔히 그냥 넘어가는 것이 바로 그가 펀치를 견뎌내는 능력이다. 물론 방어가 좋은 편이고, 복부가 강하며, 특히 스웨이로 펀치를 피하는 능력은 타의 추종을 불허하지만, 그도 때로는 정타를 맞을 수밖에 없고 다운이 되기도 했다. 그러나 그는 그때마다 충격을 떨쳐버리고 다시 일어서곤 했다. 조 프레이저의 태풍 같은 레프트 훅을 얻어맞고 통렬한 다운을 당했을 때 사실 많은 전문가들은 알리가 그걸 맞고도 일어났다는 사실에 더욱 놀랐었다.

알리가 다른 상대와 달랐던 점은 포먼의 강펀치를 경계하고 조심하긴 했지만 겁은 먹지 않았다는 것이다. 알리는 포먼의 강력한 공격을 로프에 기대어 흔들거리며 피하며, 적절한 클린치로 무력화시키며 짧고 빠른 펀치로 포먼을 공격했다. 포먼의 펀치가 허공을 가르는 횟수가 잦아지면서 알리의 반격도 날카롭고 매서워졌다.

　특히 5라운드에는 알리의 날카로운 공격이 매서운 겨울바람처럼 몰아쳐서 포먼이 비틀거리기까지 했다. 5라운드가 끝나고 코너로 돌아가며 포먼은 당황하여 어쩔 줄 모르는 모습이 역력했다. 알리의 펀치의 강도에 놀라고, 너무나 지쳐버린 자기 모습에 놀랐을 것이다.

　알리는 6라운드와 7라운드 역시 '로프 어 도프'를 실행하며 틈틈이 칼바람처럼 매서운 공격을 흩뿌리곤 했다. 그리고 기적의 8라운드…… 또하나의 '로프 어 도프'가 완벽하게 실행된 라운드구나 하는 순간 코너에서 짧고 빠른 펀치로 포먼을 쏘아댄 알리가 눈 깜짝할 사이에 돌아나오며 포먼을 코너에 몰아넣고 좌우 콤비 블로우를 날렸다. 화려하고 강력했다기보다 섬광처럼 빠르고 간결했다. 그러나 그걸로 충분했다. 세계 헤비급 복싱 역사상 가장 눈부시게 빛났던 좌우 콤비 블로우…… 그 사진을 본 사람은 알겠지만 알리의 좌우 콤비 블로우가 터진 순간 포먼의 머리에서는 땀방울, 물방울이 분수처럼 솟아올랐고, 포먼은 천천히 커다랗게 원을 그리며 링 위에 침몰했다. 알리는 그걸 따라가 레프트 훅을 날릴 준비를 했으나 이미 침몰하는 거함에게 그럴 필요가 없다고 생각한 걸까. 레프트 훅을 거두어들이고 중립 코너로 돌아간다.

　포먼은 멍한 눈으로 고개를 들고 누워 있었다. 이상한 포즈였다.

포먼이 겨우 몸을 일으키는 순간 레프리가 카운트 10을 알리며 두 팔을 흔들었다. '킨샤사의 기적'이 완성되는 순간이었다. 아아, 그때 왜 내 입에서는 어처구니없게도 촌스러운 감탄사가 튀어나오던지…… "알리, 만세!!!"

며칠 동안 알리의 전기를 읽으며, 보며 추억에 깊이 잠겼다. 1996년 아틀랜타 올림픽에서 떨리는 손으로 성화에 불을 붙이던 모습이 기쁨으로, 슬픔으로 다가왔다. 책머리에는 마이크 타이슨을 발굴했던 전설적 복싱 지도자 커스 다마토가 알리에 대해 한 말이 나와 있었다.

"알리는 우리 모두에게 보여주었다. 승리는 (앞머리를 가리키며) 여기에서 나오는 것이지 (주먹을 가리키며) 여기에서 나오는 것이 아니라는 것을."

나노 한마디 덧붙이고 싶다.

"알리는 그의 일생을 통해 보여주었다. 진정으로 맛있는 승리는 (왼쪽 가슴을 가볍게 두드리며) 바로 여기에서 나온다는 것을."

(2003)

레온 스핑크스

얼마 전 TV에서 무하마드 알리와 레온 스핑크스의 경기를 보여줬다. 그들은 두 번 싸웠다. 정말 아주 오래된 얘기다. 레온 스핑크스는 1976년 몬트리올 올림픽 라이트 헤비급 금메달리스트다. 동생인 마이클 스핑크스는 미들급에서 금메달을 땄다. 그때 슈거 레이 레너드도 웰터급에서 금메달을 따냈으니 당시 미국 대표팀의 실력을 짐작할 만하다.

레온 스핑크스가 '가장 위대한 챔피언(the greatest champion)' 무하마드 알리의 타이틀에 도전한 것이 1978년 2월. 그때 스핑크스는 7승(5KO) 1무를 기록중인 풋내기였다. 스핑크스는 위대한 알리를 맞아 뜨거운 젊음을 바탕으로 강력한 파이팅을 펼쳤다. 방심한 알리는 스핑크스의 파이팅에 밀려 여러 차례 비틀거리는 위기를 맞으면서도 저력을 보이며 15라운드까지 버티지만 결과는 스핑크스의 2대 1 판정승. 사실 3대 0 심판 전원일치 판정이 나와야 했다. 알리의 시대가 가고 스핑크스의 시대가 열리는 것 같았다. 자신의 우상을 물리치고 왕좌에 오른 스핑크스는 전 세계를 향해 용감하게 선언한다.

"그는 가장 위대한 챔피언이다. 그러나 나는 가장 새로운 챔피언이다. 나는 해냈다!!(He is the greatest. But I am the latest. I did it!!)"

알리는 그뒤 절치부심 훈련에 몰두하며 재대결을 기다린다. 반면에 스핑크스의 하루하루는 그야말로 술과 장미의 나날…… 그가 움직일 때마다 소위 '측근'들이 너무나 많았다. 동생인 마이클 스핑크스는 위대한 형을 어떻게든 정신 차리게 하려고 애를 썼지만 돌아오는 대답은 한결같았다.

"왜 그래? 다들 좋은 사람들이야……"

아무리 작은 일을 이루려 해도 그만한 희생이 따르는 법. 하물며 세계 헤비급 타이틀을 지키는 데에야 얼마나 커다란 희생이 필요하겠는가. 그러나 사람 좋아하고 놀기 좋아하는 스핑크스는 음주운전, 속도위반 등 크고 작은 말썽을 일으키며 위대한 챔피언의 길로부터는 점점 더 멀어져간다(하긴 알리도 사람 좋아하고 놀기 좋아하는 건 똑같은 것 같던데?).

1978년 9월, 7개월 만에 재대결이 벌어졌고, 결과는 위대한 챔피언의 3대 0 판정승이었다. 알리는 이로써 헤비급 역사상 처음으로 세 번째 정상에 오르는 위업을 달성한다. 그때 그의 나이 만 서른여섯 살이었다. 스핑크스와의 재대결을 앞두고 알리는 호언장담을 했다.

"이번엔 완전히 그를 쓸어버리겠다.(I will wipe him out.)"

그러나 사람들은 그때 알아챘어야 했다. 알리의 발음은 예전처럼 화려하게 빛나지 않았다. 그때 이미 그의 몸 안에서는 파킨슨병이 자라고 있었던 걸까? 그의 발음은 마치 술에 취한 사람처럼 흐느적거렸다.

7개월 만에 세계 정상의 자리에서 보통 사람의 자리로 돌아온 레온 스핑크스의 곁에는 아무도 남지 않았다. 레온 스핑크스는 그야말로 마구 망가져갔다. 마약소지, 알코올중독, 폭행…… 잠시 반짝 훈련에 힘써 이미 주인이 변한 래리 홈스의 세계 타이틀에 도전했지만 3회 만에 비참하게 KO로 지고 말았다. 그러곤 그야말로 번데기에게 노 마ᅡ 깨지는 그저 그런 복서가 되어 잊혀져갔다.

'세상에서 가장 위대한 형'을 뒷바라지하던 마이클 스핑크스는 이제는 스스로 챔피언에 오를 결심을 한다. 형보다는 훨씬 더 절제심이 강하고 논리적, 분석적인 성격의 마이클은 라이트 헤비급 챔피언이 되어 무적을 자랑한다. 그리고 결국엔 헤비급으로 체급을 올려 래리 홈스의 타이틀에 도전한다. 결과는 예상을 뒤엎은 2대 1 판정승. 그 경기의 판정에 대해서는 논란의 여지가 많지만, 마이클이 스마트한 경기 운영으로 자신보다 훨씬 크고 사실은 기술도 더 좋을지도 모르는 래리 홈스를 아슬아슬하게 이겼다고 보는 게 정상일 것이다.

홈스를 꺾은 뒤 링을 떠났던 마이클 스핑크스는 세월이 지난 뒤 세계 헤비급의 새로운 제왕 '핵주먹' 마이크 타이슨과 맞붙어보지만 거액의 파이트머니가 무색하게 91초 만에 KO패, 링을 떠난다. 그게 그의 유일한 패배일 것이다.

레온 스핑크스는 앞으로 무하마드 알리의 위대함을 증명하는 조연으로만 기억될 것이다. 그러나 나는 아직도 안타깝다. 레온은 복싱 재능에 관한 한 누구보다 뛰어났었다. 역시 자기 절제가 따르지 않으면 어느 분야든 일정 수준 이상 오르기 어려운 것 같다. 자기 절제 능력 또한 재능의 일부일지도 모른다(알리를 꺾고 세계 챔피언에 올랐던 사람에게 도대체 무슨 소리를 하는 건지 나도 모르겠지만⋯⋯). 한 가지 반가운 사실은 세계 웰터급 통합 챔피언 코리 스핑크스가 바로 레온 스핑크스의 아들이라는 사실. 현재 전적이 31승(10KO) 2패이던데, 아버지보다는 자기 관리가 확실한 것 같다.

추적추적 비가 내리는 밤에 수학 공부를 하다 말고 문득 레온 스핑크스의 패기만만한, 위풍당당한 인터뷰를 생각한다.

"그는 가장 위대한 챔피언이다. 그러나 나는 가장 새로운 챔피언이다. 나는 해냈다!!"

(2005)

마르코 타르델리의 불타오르는 눈빛

1982년 스페인 월드컵 결승전, 서독과 이탈리아의 경기 후반전. 파울로 로시의 번개 같은 헤딩슛으로 한 골을 앞서 가던 이탈리아의 스키레아가 기습적으로 서독 페널티에어리어를 파고들었다. 서독 수비진이 한쪽으로 쏠리는 순간 스키레아는 볼을 옆으로 밀어주었고, 이탈리아의 14번 선수가 비호처럼 달려들어 승부를 결정짓는 통렬한 왼발 강슛을 서독 골네트에 꽂아넣었다. 바로 이탈리아의 미드필더 마르코 타르델리였다.

자신의 강슛이 골문 안으로 빨려들어간 것을 확인한 타르델리는 자신도 믿을 수 없다는 듯 머리를 좌우로 흔들며 그라운드를 질주하기 시작했다. 두 주먹을 불끈 쥐고 뜨겁게 타오르는 눈빛으로 미친 듯이 그라운드를 달리던 타르델리의 질주는 자신이 살아 있다는 것, 그리고 그 삶이 진정으로 의미 있다는 것을 확인한 한 인간의 감격이었다. 대학교 3학년생이었던 나는 터질 듯한 기쁨에 어쩔 줄 몰라

하는 타르델리를 보며 나도 '내 생애 단 한 번만이라도' 그런 순간을 느낄 수 있게 되기를 기도했었다.

스페인 월드컵 최고의 스타는 브라질 전에서의 해트트릭을 비롯, 도합 여섯 골을 터뜨리며 이탈리아를 우승으로 이끈 파울로 로시였다. 그러나 내 가슴 깊은 곳에 가장 강렬한 느낌으로 남아 있는 것은 환희에 넘쳐 그라운드를 질주하던 마르코 타르델리의 불타오르는 눈빛이다.

(1996)

다이빙, 멋있잖아요?

    2002년 11월 12일 제주 실내 수영장에서는 전국체전 다이빙 경기가 열렸다. 내가 본 종목은 여자 3미터 스프링보드. 다이빙 경기를 직접 본 것은 정말 오랜만이다. 스프링보드를 차고 날아올라 몸을 비틀어 회전한 뒤 떨어지며 물 속으로 부드럽게 파고드는 모습이 너무나 멋있고 아름다웠다. 그러나 한편으로는 너무나 안타까웠다. 이번 전국체전에선 여고부와 일반부 경기가 한꺼번에 열렸는데 참가 선수가 '무려(?)' 열두 명이있던 것이다.
    유학 시절 예일 대학교와 프린스턴 대학교의 친선 다이빙 경기를 구경한 적이 있다(내가 가르쳤던 학생이 다이빙 선수였다). 전국체전과 비교하면 그 위상이 '잽도 안 되는' 경기였다. 그래도 3미터 스프링보드에만 두 대학에서 열 명이 넘는 선수들이 참가했었다. 그런데 이건 명색이 전국체전인데 참가 선수가 우리나라를 통틀어 여고부 여섯 명, 일반부 여섯 명이라니…… 비인기 종목의 현실이 다 그렇다고는 하지만 이건 정말……

그래도 우리나라 다이빙은 2002년 부산 아시안 게임에서 은메달 두 개, 동메달 한 개를 따내는 값진 성과를 거뒀다. 1970년 방콕 아시안 게임에서 송재웅 선수가 10미터 하이 다이빙에서 금메달을 목에 건 뒤 처음으로 얻어낸 메달이다. 어린 선수들을 조기에 발굴하여 저변을 확대하고 부족한 훈련 시설을 확충한다면 우리나라 다이빙도 중국처럼 단시일 내에 세계 수준으로 도약할 수 있다는 박유현 대표팀 감독의 얘기가 가슴을 울렸다.

전국체전 여고부에서는 부산 아시안 게임 은메달리스트 강민경(제주)이 2, 3위를 커다란 차이로 따돌리고 가볍게 우승을 차지했다. 일반부 우승은 충남 대표 임윤지(아산시청). 임윤지는 이제 겨우 스물한 살의 대학생(순천향대)이다. 그래도 중학교 1학년 때부터 대학 1학년 때까지 7년 동안이나 국가대표로 활동했던 베테랑이다. 1996년 애틀랜타 올림픽과 1997년 부산 동아시아대회에도 출전했었다.

시상식이 끝나고 TV 카메라와 기자들이 모두(그래봤자 몇 명 안 되지만) 개최지 출신의 다이빙 유망주 강민경에게 몰려가 있는 동안 임윤지와 '본지 특종 독점 인터뷰'를 시도했다.

"초등학교 때부터 14년 동안 다이빙을 했어요. 이젠 은퇴하고 완전히 새로운 생활을 시작할 거예요." (아니, 벌써 은퇴를?)

"다이빙의 본질은 집중력과 순발력이에요. 머리 나쁜 사람이 이런 운동을 할 수 있겠어요?" (와! 발랄하다……)

"연습 때보다 더 좋은 경기를 했어요. 마지막 경기를 멋지게 장식해서 너무너무 기뻐요."

그에게선 힘겨운 훈련을 견뎌내고 멋진 경기를 펼쳤다는 자부심이 진하게 느껴졌다. 썰렁하게 다이빙의 매력이 뭐냐고 질문하자 〈투캅스〉의 김보성 같은 대답이 되돌아왔다.

"멋있잖아요?"

나도 다음에 사람들이 수학이 뭐가 그리 좋으냐고 물으면 그렇게 대답해야지.

"폼 나잖아요?"

(2002)

고마운 사람, 소중한 사람

울산 현대의 유상철이 일본의 요코하마 마리노스로 이적했다. 그의 목표대로 유럽 진출이 가능한지는 사람마다 견해가 다르겠지만 나는 그가 꿈을 이루었으면 좋겠다. 최고의 무대에서 자기 실력을 마음껏 발휘해보고 싶은 마음은 프로 선수라면(축구든, 야구든, 수학이든) 누구나 가지고 있는 것이기 때문이다.

우리 축구 팬들에게는 2002년 월드컵 폴란드와의 첫 경기가 아직도 눈앞에 생생할 것이다. 그날 밤 유상철이 세계적인 골키퍼 예지 두덱을 상대로 대포알 같은 중거리 슛을 성공시키던 순간 부산 하늘에는 한반도가 떠나갈 듯한 "대~한민국! 대~한민국!"의 함성이 울려퍼졌다.

나에겐 그에 대한 또하나의 추억이 있다. 몇 년 전 중국 상하이에 출장을 갔다가 어느 허름한 대학 게스트 하우스에서 TV를 통해 유상철의 모습을 본 것이다. 당시 유상철은 일본에서 활동하고 있었는데 그날 경기에서 결승골을 기록하고 NHK TV와 '우리말로(!)' 인터뷰를 했다. 중국 땅에서 일본 위성 TV를 통해 한국 선수의 우리말 인터뷰를 보며 왜 그렇게 가슴이 뭉클했는지……

그러나 내게 가장 강렬하게 남아 있는 기억은 2001년 대륙간컵대회 멕시코와의 경기에서의 유상철이다. 첫 경기에서 프랑스에게 5대 0으로 참패한 우리 대표팀은 북중미의 강호 멕시코를 맞아 거의 결사 항전의 각오로 경기에 임했다. 그 경기에서 유상철은 전반전에 코뼈가 부러지는 중상을 입고도 경기 종료 직전 극적인 헤딩 결승골을 성공시켰다. 1999년 축구를 하다가 코뼈가 부러졌던 경험이 있는 나는 그가 그렇게 운동장을 헤집고 다니는 것을 도저히 믿을 수가 없었다. 게다가 헤딩을 하다니……

일본으로 떠나는 그에게 미안한 건 우리가 그를 너무 혹사시켰다는 것. 올해 3월 말만 해도 유상철은 콜롬비아와 A매치 밤 경기를 뛰고 그 다음날 K-리그 낮 경기에 출장했다. 그뿐인가. 우리는 그에게 스트라이커부터 미드필더, 스위퍼에 이르기까지 온갖 허드렛일을 다 시켰다. 그리고 그가 어쩌다 실수를 할 때면 '공포의 홈런왕'이라고 부르며 비아냥거렸다.

유상철은 그 동안 우리 축구계에 '물처럼 공기처럼' 고맙고 소중한 사람이었다. 고마운 사람 고마운 줄 모르고, 소중한 사람 소중한 줄 모르면 결국 그 사람은 떠나게 되는 것 아닐까? 이게 비단 축구 얘기만이 아니라는 건 누구나 다 알고 있을 것이다.

(2003)

* 지난 2005년 울산 현대로 복귀했던 유상철은 부상과 체력적 부담 때문에 2006년 월드컵을 바로 앞에 두고 현역에서 은퇴한 뒤 방송 해설자로 변신했다.

홍기표의 역주, 그 아름다운 마라톤 정신

지난 1997년 10월 13일 제78회 전국체전이 열리고 있던 창원 종합경기장 육상 트랙에 가슴에 869번을 단 한 선수가 비틀거리는 걸음으로 들어섰다. '체전의 꽃' 마라톤 경기에 출전한 여러 선수들 중 제일 먼저 백 리 길을 달려온 경기 대표 홍기표였다. 그러나 생애 첫 우승을 눈앞에 둔 홍기표는 이미 지칠 대로 지친 모습이었다. 그는 안타깝게도 결승선을 불과 20여 미터 남겨놓은 채 트랙에 쓰러지고 말았다. 인간의 한계를 넘어서야 하는 마라톤 경기. 풀코스 완주 경험이 한 번밖에 없는 그에게 한계가 찾아온 것처럼 보였다.

그때 관중석에서 뜨거운 외침이 터져나왔다. "다 왔다! 일어나라!" 그에게 남은 무엇이 그를 다시 일어서게 했을까. 홍기표는 허물어지는 몸을 억지로 일으켜세워 남은 20여 미터를 달린 뒤 결승 테이프를 끊으며 무너지듯 다시 쓰러졌다. 홍기표에게 뜨거운 박수와 환호가 물결처럼 쏟아졌다.

그해의 전국체전 마라톤 경기는 전문가들도 우승자를 예상하기 힘든 대회였다. 경기 전에 우승자를 점치기 힘들다니까 실력이 쟁쟁한 선수들이 너무나 많이 참가한 까닭에 승부를 예상할 수 없었다는 뜻으로 해석하기 쉽지만, 사실은 그와 정반대였다. 이봉주, 백승도, 김이용 등 한국 마라톤의 간판 스타들이 10월 26일에 벌어질 춘천 국제 마라톤대회에 출전할 예정이어서 상대적으로 비중이 낮은 전국체전 마라톤엔 참가하지 않았다. 그러니까 참가 선수 전원이 마라톤이라고는 기껏해야 두서너 번 뛰어본 경력이 전부인 무명 선수들이었기 때문에 도대체 누가 우승할지 알 수가 없었다는 얘기다.

사실 세계 최고 기록 보유자인 벨라이네 딘사모(에티오피아)를 비롯, 세계적인 마라토너 여러 명이 참가하고 우승 상금만도 미화 7만 5천 달러에 달하는 춘천 국제 마라톤대회에 비해 그저 '애향심'에만 호소하여 참가를 유도해야 하는 전국체전 마라톤에 유명 선수들이 불참하는 것을 탓할 수만은 없다. 1996년 아틀랜타 올림픽 은메달리스트인 이봉주 역시 전국체전에서는 춘천 마라톤대회의 컨디션 점검을 겸해 10,000미터 경기에만 출전했었다. 이렇게 대표급 선수들이 외면하다보니 기록도 저조했다. 전국체전 우승자인 홍기표의 기록은 2시간 20분 34초. 황영조가 가지고 있던 당시 한국 최고 기록 2시간 8분 9초와는 무려 12분 25초가 차이가 난다. 42.195킬로미터를 2시간 8분 대에 주파하려면 5000미터 기록이 15분은 되어야 한다. 그러니까 황영조와 홍기표의 기록은 거리로 환산하면 4킬로미터 정도라는 엄청난 차이가 나는 것이다.

어느 스포츠신문에서는 이렇게 전국체전 마라톤이 B급 대회로 전락한 만큼 굳이 마라톤을 경기 종목에 끼워넣으려고 할 것이 아니라 마라톤 본래의 목적은 순수 마라톤대회에 위임하고 단축 마라톤으로 변경하는 것이 어떠냐는, 자신의 표현에 의하면 매우 '전향적인 (?)' 제안을 하기도 했다. 그렇다면 세계 무대에서도 보스턴 마라톤, 뉴욕 마라톤 등 권위 있는 마라톤 전문 대회 몇 개만 남겨두고 올림픽대회에서는 마라톤을 제외해야 한다는 말인가. 마라톤의 기록은 경기 당일의 날씨, 코스의 난이도, 선수들의 순위 다툼 등 여러 가지 요인에 영향을 받는 것인 만큼 우승자의 기록만 가지고 대회의 질을 논할 수는 없는 노릇이다. 만일 굳이 홍기표의 기록을 트집 잡고 싶다면 황영조가 바르셀로나 올림픽에서 우승했을 때에도 그의 기록은 별로 좋지 않았음을 상기시키고 싶다.

'올림픽의 꽃'이 마라톤인 것처럼 '전국체전의 꽃'도 마라톤이다. 1997년도 전국체전 마라톤의 우승 기록은 한국 마라톤을 30년 전으로 후퇴시킨 것처럼 보인다. 그러나 이 대회에서 무명의 마라토너 홍기표가 보여준 마라톤 정신은 다른 어느 스포츠 영웅이 이룩했던 위대한 업적에 못지않은 훌륭한 것이었으며, 갈수록 상업주의와 정치 논리에 오염되어가는 현대 스포츠계에 진정한 스포츠의 가치가 무엇인가를 다시 한번 깨닫게 한 아름다운 인간 승리였다.

(1997)

강초현의 해맑은 눈물, 해맑은 미소

마지막 한 발 남았다. 강초현 487.8점, 낸시 존슨(미국) 487.8점. 이제 단 한 발이 금과 은을 가른다. 나도 모르게 숨을 멈추고 성호를 그어본다(하느님이 이런 기도를 들어주시는 분이 아니란 건 나도 안다). 낸시 존슨이 먼저 격발을 완료한다. 9.9점. 미국 응원석에선 탄식이 흘러나온다. 이 정도면 됐다. 긴장한 걸까? 강초현은 처음 조준에서 격발을 하지 못한다. 불안하다. 자세를 고쳐잡고 격발…… 몇점일까? 잠시 후 관중석에서 환호성이 인다. 낸시 존슨이 환한 웃음을 짓는다. 9.7점. 강초현은 믿을 수 없다는 듯 얼굴을 찡그리며 허공을 쳐다보다 고개를 젓는다. 안타깝다. 낸시 존슨 금메달, 강초현 은메달. 0.2점 차이다. 강초현이 끝내 뜨거운 눈물을 떨군다. 커피빛 진한 아쉬움이 가슴속 깊은 곳까지 스며든다. 지금까지 내가 본 영화 속의 어떤 장면도 이렇게 가슴 아프게 아름답진 않았다.

돌이켜보면 정말 멋진 승부였다. 강초현은 본선 성적 397점을 기록, 1위로 결선에 올랐다. 2위 그룹은 나란히 395점을 기록한 최대영(한국), 소냐 파일시프터(독일), 리우보프 갈키나(러시아), 낸시 존슨 등 네 명. 최대영은 국내 선발전에서 1위를 기록한 금메달 기대주이고 파일시프터와 갈키나는 세계적인 강자이다. 0.1점 차이로 승부가 갈리는 결선 라운드에서 2점이라면 상당히 커다란 차이다. 물론 결과론이지만 이럴수록 적극적으로 승부에 임해야 했는데 강초현이 지나치게 소극적이었던 건 아닐까? 파일시프터와 갈키나만 신경 쓰고 있었는데 그 둘은 뒤로 처지고 어느새 존슨이 턱밑까지 쫓아와 있다. 8차 사격이 끝난 뒤 강초현이 0.2점 리드. 9차 사격. 강초현 10.5점. 이젠 됐다. 그런데 존슨은 10.7 점. 드디어 동점 허용. 그리고 마지막 한 발…… 강초현이 아쉽게 물러나긴 했지만 정말 멋진 승부였다.

시상식에 나타난 강초현이 활짝 웃으며 두 손을 흔든다. 보는 사람의 마음마저 서설로 밝아진다(만일 여기서 엉엉 울었다면 완벽한 '신파'가 됐을 것이다).

"우리나라 선수들은 은메달이나 동메달을 따면 죄인처럼 고개를 숙이잖아요. 저라도 활기 있는 모습을 보이고 싶었어요."

"은메달 따는 꿈을 꿨는데 꿈대로 됐네요. 은메달에도 충분히 만족해요. 하지만 다음에는 금메달 따는 꿈을 꿀래요."

해맑은 눈물, 해맑은 미소, 그리고 당당한 인터뷰에 우린 모두 강초현에게 반하고 말았다. 이렇게 진한 아쉬움도, 뜨거운 눈물도 멋진 승부의 일부라는 것을 다시 한번 깨닫는다. 강초현의 해맑은 미소를 보면 내일엔 정말 내일의 태양이 떠오를 것 같다.

그러나 강초현에겐 지금부터가 불행의 시작일지도 모른다. 우리는 그 동안 우리들의 사랑과 존경을 받아야 할 스타들이 너무나 함부로 다뤄지며 혹사당하는 걸 지겹도록 많이 보아왔다. 허재가 그랬고, 황영조가 그랬으며, 박세리가 그랬다. 강초현에게도 벌써부터 약삭빠른 상혼이 그럴듯한 명목으로 '오염물질'을 살포한다는 소식이 들린다. 강초현은 이제 우리 모두의 스타가 되었다. 따라서 그는 많은 돈을 벌 자격과 권리가 있다. 그리고 거기에 빌붙어 돈 좀 벌겠다는 걸 말릴 생각도 없다(그래야 강초현이 돈을 벌 수 있을 테니까). 그러나 강초현의 그 해맑은 눈물, 해맑은 미소만큼은 제발 그대로 보존하자. 강초현을 팔아먹을 궁리만 하지 말고, 강초현이 강초현일 수 있게 그냥 좀 내버려두자. 강초현이 지금의 순수함과 당당함을 지켜나갈 때 우린 그로부터 더욱더 깊고 풍부한 인생의 감동을 선사받을 수 있기 때문이다.

그리고 본선 성적 2위로 결선에 올랐지만 천운이 따르지 않아 7위에 그친 최대영의 분전과, 지난해 국가대표로 뽑혀 국제 무대에서 좋은 성적을 올리다가, 혜성처럼 나타난 강초현에게 밀려 시드니에 갈 수 없었던 이선민의 아픔도 함께 기억하자. 이들의 아쉬움과 아픔 또한 강초현이 우리에게 가르쳐준 아름다운 감동의 일부이니까.

(2000)

* 강초현은 지금 갤러리아 소속 사격선수로 활동하고 있다. 2004년 아테네 올림픽 때는 대표선수로 선발되지 못했다. 그에게 올림픽 금메달을 딸 수 있는 기회가 다시 올지 모르겠지만, 나는 앞으로도 그가 지금처럼 사격을 즐기며 행복하게 살기를 바란다.

'세계 2등'의 아름다운 뒷모습

"5년 전 전영 오픈 결승전에서 (김동문-하태권에게) 세트 스코어 1대 1, 게임 스코어 14대 11로 리드하다가 역전패했다. 그때처럼 마음 아팠던 적이 없다. 그뒤부터 2인자로 밀려나 설움을 겪었다. 이번에는 그 설움을 훌훌 털어버리고 싶다."

아테네 올림픽 배드민턴 남자 복식 결승전을 앞두고 이동수가 한 말이다. 세계 랭킹 9위인 이동수-유용성은 시드 배정을 받지 못했지만 세계 랭킹 1위인 하디안토-율리안토(인도네시아)와 세계 랭킹 6위인 에릭센-룬트가르트(덴마크)를 차례로 물리치고 결승에 진출, 세계 랭킹 2위인 김동문-하태권과 금메달을 놓고 결전을 치르게 됐다. 지켜보는 사람들이야 우리나라 선수끼리 금·은메달을 나눠 갖게 됐으니 누가 이겨도 좋다며 여유를 즐길 수 있지만 막상 세계 정상의 자리를 놓고 격돌하는 선수들의 마음가짐은 전혀 다른 것이다.

나는 마침 내가 지도하는 서울대 자연대 축구부 학생들과 함께 그 경기를 지켜봤다. 한 녀석이 "뭐 우리끼리 하는 건데 그렇게 관심을 가지냐"고 한다. 내가 되물었다.

"넌 우리 축구부 A팀과 B팀이 총장배 결승전에서 만나면 승부를 양보할 거냐?"
"그거야 결승전이 아니라 예선 1차전이라도 양보할 수 없죠."

승부란 그런 것이다. 아무리 친한 사람에게도 결코 양보할 수 없는 것, 아니, 양보해서는 안 되는 것.

경기는 세계 최강을 가리는 결승전답게 수준 높은 플레이로 가득 찼다. 매 게임 불꽃 튀는 접전이 벌어졌다. 전광석화 같은 스매싱, 신기에 가까운 리턴, 절묘한 드롭샷이 숨가쁘게 이어졌다. 털끝만큼의 아주 작은 차이로 게임마다 승부가 갈렸다. 그리고 그 작은 차이가 금과 은의 차이도 나타났다. 김농분-하태권이 이동수-유용성을 2대 0(15대 11, 15대 4)으로 따돌리고 금메달을 차지한 것이다.

경기가 끝난 뒤 이동수와 유용성이 운동 가방을 둘러메고 나가는 뒷모습이 보였다. 이렇게 아쉬운 승부를 놓치고 돌아서는 그들의 안타까움을 헤아릴 길이 없었다. 그때 유용성이 이동수의 어깨를 가볍게 두드리며 위로하는 모습이 비춰졌다. 그러고는 태극기를 꺼내 마주 들고 관중들에게 답례를 하는 것이 아닌가. 가슴이 뭉클했다. 혼신의 힘을 다해 승부를 겨루고 당당한 모습으로 떠나는 '세계 2등'의 뒷모습은 이 세상 그 무엇보다도 아름다웠다.

(2004)

동메달의 아름다움

그건 충격이었다. 세계 최강을 자랑하던 배드민턴 혼합 복식의 김동문-나경민이 그만 아테네 올림픽 8강전에서 탈락해버린 것이다. 국제대회 13연속 우승, 65연승을 기록하고 있던 무적의 복식 콤비였기에 그 충격이 더욱 컸다. 특히 나경민은 오랫동안 혼합 복식 세계 정상의 자리를 지켜왔지만, 막상 올림픽 무대에서는 금메달과 인연을 맺지 못해 안타까움이 짙게 남았다.

나경민에게 남은 기회는 이경원과 짝을 이룬 여자 복식. 그러나 준결승전에서 세계 최강 양웨이-장지웬에게 2대 0으로 완패, 금메달의 꿈을 접어야 했다. 나경민은 "이게 내 운명인 모양"이라며 펑펑 울었다고 한다.

그러나 그들에겐 아직 한 경기가 더 남아 있었다. 3-4위전이 바로 그것이다. 사실 세계 정상을 노리던 사람에게 동메달이 만족스러울 리는 없다. 그렇지만 우리 인생에서 언제나 모든 것이 최상의 조건

이기를 바랄 수만은 없는 것 아닌가?

상대는 중국의 자오팅팅-웨이일리. 첫 세트를 15대 10으로 내줄 때만 해도 나경민은 왠지 혼이 빠진 듯한 모습이었다. 그러나 2세트 들어 이경원이 신들린 듯한 파이팅을 보이며 분위기를 바꿨다. 그때부터 숨막히는 접전이 벌어졌다. 사력을 다한 끝에 나경민-이경원이 15대 9로 2세트를 따내 세트 스코어 1대 1이 됐다.

3세트에서도 이경원은 열정과 의지가 가득 찬 모습으로 뜨겁게 타올랐고, 나경민은 침착하고 정확한 샷으로 포인트를 따냈다. 3세트 중반 나경민이 라켓으로 이경원의 엉덩이를 툭 치며 고마워하는 모습이 비춰졌다. 지켜보는 내 마음도 따뜻해졌다. 승부의 고비에서 저렇게 펄펄 날아다니는 후배가 얼마나 고마웠을까. 결국 나경민이 날카로운 스매싱을 잇달아 때려내며 멋지게 피날레를 장식. 아쉽지만 소중한 동메달을 목에 걸었다.

나는 그들에게서 동메달의 의미를 배운 것 같다. 최상의 목표가 사라진 뒤라 할지라도 열정과 의지를 가득 담아 혼신의 힘을 다하면 얼마든지 아름다운 결과를 이끌어낼 수 있다는 것을.

(2004)

멍이 든 왼쪽 무릎

파란 하늘이 너무나 아름다운 날이었다. '보랏빛 색지 위에 마구 칠한 한 다발 장미' 처럼 구름이 몇 조각 떠다녔다. 사직 체육관에서는 감미로운 음악에 맞춰 요정들이 화려한 춤을 추고 있었다. 2002년 부산 아시안 게임 리듬체조 경기 개인 종합 결선이었다.

금메달과 은메달을 차지한 종 링(중국)과 유수포바(카자흐스탄)의 연기는 다른 선수들과는 확실히 차원이 달라 보였다. 징그러울 만큼 유연하고 질묘했다. 순드라 라자(말레이시아)의 연기에서는 뭐랄까 요가 냄새 같은 것이 짙게 풍겨나왔다. 그때 전화벨이 울렸다.

"아빠, 지금 무슨 경기 보고 있어요?"
"리듬체조."
"허걱!!"

나는 사실 '드림팀'의 야구경기를 보러 가는 길이었다. 시간이 조금 남아서 잠깐 들른 것인데 너무나 아름다운 연기에 매혹되어 그 자리를 떠날 수가 없었던 것이다.

한국 대표는 최예림과 조은정이었다. 최예림은 부드럽고 매력적인 연기로 사람들의 마음을 사로잡았다. '언니 부대'가 "대~한민국!"을 외쳐댔다. 그런데 회심의 피날레를 연기하는 순간 그만 봉을 놓치고 말았다. 관중석에서는 "아!" 하는 짧은 탄식과 함께 박수가 터져나왔다. 물결처럼 잔잔한 감동이 밀려왔다.

조은정은 경쾌함과 우아함, 간결함과 세련됨이 한데 어우러진 멋진 연기를 펼쳐 보였다. 무언가 강렬한 느낌이 왔다. 그런데 점수가 발표되기를 기다리는 동안 왼쪽 무릎을 문지르는 모습이 왜 그렇게 안쓰럽던지…… 그러고 보니 대부분의 선수들이 한쪽 무릎에 보호대를 착용하고 있었다.

최예림과 조은정은 7위와 8위를 차지했다. 메달은 따지 못했지만 우리 선수들 정말 고맙다는 생각을 하며 자리에서 일어났다. 그 순간 깜짝 놀랄 만한 일이 터졌다. 조은정이 '론진 엘레강스 상'을 수상한 것이다. 이 상은 기술 점수만으로는 측정할 수 없는 가장 아름답고 우아한 연기를 펼친 선수에게 주는 특별상이다.

시상식이 끝나고 잠깐 만난 조은정은 온 세상의 모든 행복을 가슴에 안고 있는 듯한 표정이었다.

"너무나 행복해요. 리듬체조선수로서 가장 값지고 자랑스러운

상을 받았다고 생각해요."

"우리나라가 단체 경기에서 처음으로 일본을 이겼잖아요. 그런 역사적인 일에 힘을 더해서 뿌듯해요."

카메라 플래시가 연이어 터지는 가운데 매력 넘치는 모습으로 우아한 웃음을 뿌리는 조은정을 보며 내 마음도 덩달아 화사해졌다. 그리고 멍이 들고 굳은살이 박인 왼쪽 무릎의 상처가 더욱 짙은 느낌으로 다가왔다. 아름답고 소중한 것을 이루기 위해서는 그만큼의 헌신과 희생이 따른다는 걸 나지막히 얘기해주는 것 같았다.

(2002)

축구 못지않게 사랑해주세요

"저희들 경기하는 거 보면 재미있고 멋있잖아요. 앞으로 펜싱 많이 사랑해주세요."

"축구 못지않게 비인기 종목도 사랑해주세요."

부산 아시안 게임 여자 펜싱 에페 종목에서 나란히 금·은메달을 수상한 김희정과 현희가 어느 방송과의 인터뷰에서 한 말이다. 그러고 보니 2000년 시드니 올림픽 남자 펜싱 플뢰레에서 기적 같은 금메달을 목에 걸었던 김영호도 비슷한 얘기를 했었다. 아니 금메달을 따낸 기쁨에 푹 빠져 있어야 할 순간에 어째서 이렇게 '비인기 종목 홍보 대사' 같은 발언을 하는 걸까?

요즘 우리나라 펜싱은 한껏 물이 올라 있다. 올해 세계선수권대회만 해도 현희가 여자 에페 우승을 차지하고 구교동이 남자 에페 3위에 오르는 등 맹활약을 펼쳤다. 이번 아시안 게임에서 우리나라에게 첫 금메달을 안겨준 것도 여자 사브르의 이신미였다.

그런데 우리나라 여자 사브르 종목의 등록 선수는 중·고교, 대학, 실업팀을 합쳐 겨우 열여덟 명이라고 한다. 이것보다 조금 낫다고는 하지만 펜싱의 모든 종목이 이렇게 열악한 상황이다. 아니다. 펜싱만 그런 것이 아니다. 유도, 레슬링, 핸드볼, 필드하키 등 올림픽이나 아시안 게임 때면 우리 국민들에게 커다란 기쁨과 감동을 선사하는 '효자 종목'들의 현실이 대개 이렇다. 그래서 그들의 '기적적인 성취'는 그만큼 커다란 감동으로 다가온다.

그러나 나는 바로 그 점이 걱정이다. 우리가 너무 '기적'에 익숙해 있는 것은 아닌가 하는 생각이 들기 때문이다. 아니, 이젠 웬만한 기적이 아니면 감동조차 하지 않는 것처럼 보인다. 그렇지만 이게 어디 감동 한번 하고 돌아서서 잊어버릴 일인가? 언제까지 우리는 열악한 환경 아래서 오만 가지 설움을 겪으며 뼈를 깎는 훈련을 이겨내고 금메달을 따내는 '기적 만들기 공식'을 되풀이할 것인가?

나는 우리가 더이상 기적을 바라서는 안 된다고 생각한다. 지금 우리가 해야 할 일은 '기본'과 '본질'에 충실한 장기 계획을 세우고 인내와 애정으로 가꿔나가는 것이다. '뿌린 만큼의 결실'을 기대하는 것이 우리에게 뜨거운 감동을 선사해준 선수들에게 진정으로 보답하는 길일 테니까.

(2002)

월드 스타의 아름다운 양심선언

　3개월에 걸친 대장정 끝에 막을 내린 1997년 한국 배구 슈퍼리그는 경기 내용, 관중 동원 등 여러 면에서 대성공을 거둔 풍성한 잔치였다. 특히 삼성화재와 현대자동차서비스, LG정유와 선경인더스트리가 격돌한 결승 시리즈 경기는 남녀 모두 박진감 넘치는 명승부전을 펼쳐 배구 팬들을 열광케 했다. 남자부 경기에서는 김세진, 신진식 '쌍포'를 앞세운 삼성화재의 '무서운 아이들'(1997년에 그랬다는 얘기다)이 임도헌, 하종화, 후인정, 마낙길, 윤종일 등 쟁쟁한 스타들이 즐비한 현대를 격파, 슈퍼리그 첫 출전에 우승을 차지하는 기쁨을 누렸고, 결승 시리즈 4차전까지 매 경기 풀 세트 접전을 벌이는 진기록을 세운 여자부 경기에서는 LG정유가 패기만만하게 덤벼든 선경의 추격을 힘겹게 따돌리고 슈퍼리그 7연패라는 위업을 이루었다.

한 번도 힘든 슈퍼리그 우승을 일곱 번씩이나 일구어낸 LG정유 김철용 감독, 강인한 힘과 투지로 삼성의 우승을 뒷받침한 신진식, 한국 여자 배구의 대들보 장윤희, 국가대표로 선발되어 아버지의 꿈을 대신 이룬 후인정, 기량이 급성장한 장소연 등 1997년 슈퍼리그가 배출한 스타들은 헤아릴 수 없이 많다.

그렇지만 1997년도 슈퍼리그 최고의 스타는 누가 뭐래도 김세진이다. 김세진이 누구인가. 2미터의 훤칠한 키에 잘생긴 얼굴, 뛰어난 탄력과 타점 높은 강 스파이크로 한양대학교 재학 시절부터 이름을 날린 '월드 스타'가 아닌가. 그가 어쩌다 실수를 한 뒤 싱긋 웃으며 동료들에게 미안함을 표시할 때면 그 싱그러운 미소에 '오빠 부대'들은 그만 자지러지고 만다. 강만수, 장윤창 등 한국이 낳은 세계적 거포의 맥을 이은 김세진은 1997년도 슈퍼리그에서도 공격 종합, 백어택, 시간차 공격 등 공격 3개 부문에서 1위에 올라 최우수 선수로 뽑혔다.

그러나 우리가 김세진에게 깊이 감동하는 것은 그의 빼어난 기량 때문만이 아니라 슈퍼리그 결승 3차전에서 보여준 그의 '양심' 때문이다. 전문가들의 예상을 뒤엎고 삼성이 현대를 연파한 뒤 맞붙은 3차전은 벼랑 끝에 밀린 '스타 군단' 현대의 투지와 삼성의 '무서운 아이들'의 패기가 아우러진 멋진 한판이었다. 세트 스코어 2대 1로 뒤진 4세트의 11대 10의 고비에서 후인정의 폭발적인 라이트 공격으로 기사회생, 간신히 세트 스코어 2대 2를 만든 현대는 마지막 세트에서는 2대 1로 앞서나갔다. 반격에 나선 삼성의 김세진의 강타가 임도헌의 블로킹에 막혔지만, 심판이 그대로 터치아웃을 선언, 2대 2가 됐다.

그때 김세진이 손을 들었다. 볼이 자신의 몸에 맞고 나갔다는 것이다. 마지막 세트는 랠리 포인트제가 적용되는 까닭에 스코어는 즉시 3대 1로 정정됐고, 현대는 그 여세를 몰아 14대 4까지 질주, 승부를 결정지었다. 이날 경기를 끝내고 싶었던 삼성에게 김세진의 '양심선언'은 결정적인 이적행위였다. 이제 벼랑 끝에서 기사회생한 현대가 '스타 군단'의 저력을 발휘하기 시작하면 삼성의 첫 우승의 꿈은 물거품이 될지도 모른다. 터치아웃이 일어날 때마다 서로 상대방의 손에 맞았다고 주장하는 이상한 풍토에서, 심판마저 자기 팀에게 유리하게 판정한 마당에 김세진은 무엇 때문에 그런 '돌출행동'을 한 것일까?

그러나 진실이란 그때에만 비로잡을 수 있는 것이다. 그의 '양심선언'이 한 박자만 늦었어도 이미 진행된 경기 결과를 뒤집을 순 없었을 것이다. 사람들은 후세 사가(史家)의 평가를 이야기하지만 후세의 역사는 현재가 기록된 과거일 뿐, 뒤늦게 밝혀진 진실은 이미 진실이 아니며, 그것이 지나간 역사를 되돌릴 수도 없다. 비록 팀은 패배했지만 김세진은 결정적인 순간에 용기 있게 진실을 밝혀 자칫 왜곡될 수도 있었던 경기의 흐름을 정상으로 되돌려놓았다. 거짓된 영광보다는 진실된 아픔, 떳떳하지 못한 승리보다는 당당한 패배를 택한 것이다.

4차전에서 신진식과 함께 맹활약, 현대에 상쾌한 승리를 거둔 직후 어느 방송과 가진 인터뷰에서 김세진은 벤치에서 열심히 응원해 준 동료 선수들에게 우승의 영광을 돌리는 인간적인 따뜻함을 보여주었다. 한강 다리가 끊어지고 백화점 건물이 무너져내려 수백 명이 목숨을 잃어도, '한보 사태'로 국가 경제가 표류하고 국민들이 일상생활에 불안을 느껴도, '지도자'라는 사람들은 모두 자기 손에는 닿지 않았다고 주장할 뿐 아무도 책임지려고 하지 않는 지금 우리나라에, 김세진처럼 진정한 스포츠맨십을 아는 '월드 스타'가 있다는 것은 정말 감사해야 할 일이다. 그가 손을 들어 심판에게 자신의 터치를 알린 바로 그 순간, 그는 이 세상 그 누구보다도 아름다웠다.

(1997)

2부

축구공 위의 대한민국

치앙마이의 경고

지난 1996년 9월 20일부터 10월 1일까지 태국 치앙마이에서 열린 제7회 아시아 청소년 축구대회(16세 이하)는 2002년 월드컵을 앞두고 그저 들떠 있기만 한 우리 축구계에게 폐부를 찌르는 듯한 충격을 가져다준 대회였다. 이 대회에서는 선수 전원이 현란한 개인기를 사랑한 오만이 우승컵을 안았고, 투 톱이 믿어지지 않는 스피드로 적진을 유린한 태국이 준우승을 차지, 미래의 아시아 축구 판도의 일단을 짐작할 수 있게 했다. 일본 역시 매끄러운 조직력의 축구로 4강에 올랐지만, 첫 경기에서 쿠웨이트에 3대 1로 역전승을 거두며 상쾌한 출발을 했던 우리나라는 일본에 3대 2로, 오만에 3대 1로 완패하고, 우즈베키스탄과 1대 1로 비겨 1승 1무 2패를 기록, 예선 탈락하고 말았다. 아시아에서는 최강을 자랑한다는 우리나라 축구가 아시아대회에서 예선 탈락한 적은 손으로 꼽을 수 있을 만큼 드물 것이다. 그러나 이 대회는 앞으로는 그런 일이 일어나도 놀랄 이유가 없다는 것, 아니, 그런 일이 지금껏 일어나지 않은 것이 오히려 놀라운 일이라는 것을 가슴 저리게 일깨워주었다. 특히 예선 통과의 관건이 되었던 일본과의 경기는 우리나라 축구의 현재와 미래, 장점과 단점, 그리고 우리가 지향할 바와 지양할 바가 압축되어 드러난 뼈아픈 한판이었다.

경기 초반 서관수의 헤딩골로 선제골을 잡으며 기세를 올렸던 한국은 차분히 기회를 노리던 일본의 반격에 휘말려 전반 중반 이후 페이스를 잃고 흔들리기 시작했다. 동점골을 허용한 것은, 순간적으로 감아 찬 슈팅이 절묘하기도 했지만, 수비수가 페널티에어리어 외곽을 공략하던 상대 공격수를 자유롭게 놔둔 것이 화근이었다. 지난 1994년 히로시마 아시안 게임에서 일본의 이하라에게 통렬한 중거리 슛 동점골을 허용하던 상황이 떠올랐다. 동점골을 내주자 우리 선수들은 더욱더 갈피를 못 잡고 우왕좌왕했다. 체력이나 신체 조건에서는 전혀 뒤지지 않는 우리 선수들이 방향 감각을 잃고 허둥댄 것은 볼 드래핑, 볼 키핑틱 등 기본기의 무속과 미숙한 경기 운영 능력 때문이다.

우리가 '개인기'라고 얘기할 때 우선 생각하는 것은 남미 선수들의 화려한 발재간이다. 그러나 보다 중요한 개인기는 킥, 패스, 슈팅, 트래핑, 헤딩 능력 등 기본기이다. 우리 어린 선수들은 '동네 축구' 수준의 잔재주는 피울 줄 알았지만 볼 트래핑 등 몇몇 기본기술은 수준 미달이었다. 상대방의 패스 미스로 자기 앞으로 굴러들어 온 '눈먼 공'을 볼 트래핑 실수로 놓치는 것은 손 안에 들어온 월척을 잃는 것과 같다. 선수들의 볼 처리가 한 템포씩 늦는 이유 역시 트래핑 미숙으로 한 번씩 더 볼을 컨트롤 하기 때문이다. 어린 선수들을 지도하는 지도자들은 눈앞의 승부에 급급하여 잔재주만 가르치지 말고 거시적인 안목에서 기본기부터 충실히 가르쳐야 할 것이다. 이런 지적이 하루 이틀 나온 것이 아닌 만큼 이젠 살을 깎는 듯한 반성 위에서 새로운 철학으로 다시 태어나야 한다.

한편 선수들의 개인기 향상을 위해 절실하게 필요한 것이 바로 천연잔디구장이다. 천연잔디구장에서 연습했는가, 맨땅구장에서 연습했는가의 차이는 마술사 같은 드리블 실력뿐만 아니라 킥, 패스, 슈팅 등 아주 기본적인 것들에서부터 확연히 드러난다. 어이없이 하늘로 날아가는 슛, 터무니없이 짧은 패스 등은 모두 어렸을 때부터 천연잔디구장에서 뛰어놀지 못한 '조상 탓'이다. 불규칙 바운드가 규칙적으로 나오고 살짝 넘어지기만 해도 최소한 찰과상을 각오해야 하는 맨땅구장에서 훈련하다가 재수가 좋아야 큰 대회에 출전하여 효창구장의 인조잔디를 밟아보는 것이 고작인 상황에서 브라질 수준의 볼 다루는 솜씨와 유럽 풍의 깊고 효과적인 태클을 기대할 수는 없다. 땅도 좁은 나라에서 잔디구장 같은 배부른 소리하지 말고 탁구나 배드민턴에 주력하면 될 게 아니냐고 핀잔을 준다면 할말은 없다. 그러나 축구는 전 세계인이 가장 많이 즐기는 '월드 스포츠'이고(미국과 친한 나라만 즐기는 어느 특정 종목과는 다르다), 우리나라는 2002년 월드컵까지 유치한 마당이니 축구발전에 힘을 기울여야 하는 것은 이미 돌이킬 수 없는 당위이다. 우리 선수들이 여느 축구 선진국 선수들처럼 볼과 하나가 된 듯 자연스럽게 볼을 다루는 모습을 보고 싶으면 우선 천연잔디구장부터 충분히 마련해야 한다.

후반전이 시작되어서도 우리 선수들은 게임을 제대로 풀지 못하고 답답한 플레이로 일관했다. 무모한 걷어내기 실패로 역전골을 잃은 뒤에는 눈에 띄게 플레이의 중심을 잃고 흔들리는 모습을 보였다. 확실한 게임 메이커의 결여, 그리고 선수 개개인의 경기운영능력 부족 때문이다. 무턱대고 많이 뛰는 선수보다는 패스가 나가는 선을 읽고 길목을 차단할 줄 아는 선수가 소중하다. 왠지 경기가 풀리지 않을 때는 경기의 전반적인 흐름을 파악하여 고비에서 승부를 걸 줄 아는 게임 메이커의 역할이 절실하다. 우리가 흔히 '노련미'라고 부르는 이러한 경기 운영 능력은 반드시 선수의 나이와 구력에 비례하는 것이 아니다. 중요한 것은 타이트하고 수준 높은 '진짜 축구 경기'를 해본 실전 경험이다. 연습 경기는 백날 해봐야 연습 경기일 뿐이다. 선수들의 경기력은 긴장되고 타이트한 정규 경기를 통해서만 향상될 수 있다.

우리나라는 그 동안 경기 막판에 방심하여 다 이겼던 경기를 그르친 경우가 많다. 1994년 월드컵 예선전 때 이라크, 그리고 사우디아라비아와의 경기에서 마지막 몇 분을 견디지 못하고 비겼던 것이라든가 아틀랜타 올림픽 대표팀이 멕시코와 평가전을 가졌을 때 로스타임이 적용되는 도중에 어처구니없이 상대편 골키퍼에게 동점골을 허용한 것 등이 그러한 예이다. 이럴 때 보통 매스컴에서는 '뒷심 부족'이라고 질타하며 체력과 정신력의 문제점을 지적하곤 한다. 물론 체력이 막판에 달리면 일방적인 공격을 당하게 되고 자연히 실점 위기도 많아진다. 정신력이 해이해져 경기가 끝나기도 전에 승리감에 젖어들면 승패의 명암이 뒤바뀌는 일은 흔한 일이다. 그러나 이렇게 막판에 경기를 그르치는 것은 많은 경우 '결의'나 '각오' 따위의 낱말을 연상시키는 정신력의 문제가 아니라 경기운영능력(특히 위기관리능력)과 집중력의 문제이다. 66년 월드컵에서 에우세비오가 이끄는 포르투갈을 맞아 먼저 세 골을 집어넣으며 기세를 올렸던 북한이 잇달아 다섯 골을 잃고 역전패한 가장 중요한 이유가 '국제 경기 경험 부족', 한마디로 말해서 '촌티' 때문이었다.

나는 우리 선수들의 경기운영능력과 집중력을 획기적으로 향상시킬 수 있는 방법으로 초등학교 대회를 비롯한 모든 대회를 프로축구처럼 리그제로 운영할 것을 제안한다. 지금처럼 단기간의 대회 위주로 축구팀을 운영하면 지도자들은 당장 눈앞의 승부에 급급하여 잔재주나 가르치게 되고, 단 한 번의 패배가 팀의 탈락을 의미하는 상황에서는 경기 내용 또한 쓸데없이 과열되기 마련이다. 또 어떤 선수들은 지나치게 많은 경기 스케줄 때문에 혹사당하는 반면에 대부분의 선수들은 시합다운 시합 한번 변변히 못 해본 채 스러지고 만다. 이런 상황에서는 재능 있는 선수들을 제때에 발굴할 수가 없다. 현재의 16세 이하 대표팀이 진정한 의미에서 우리나라 대표라고 할 수 있느냐는 의문이 여기저기서 불거져나오는 이면에는 정실 위주의 선발이나 행정의 난맥상 말고도 이러한 보다 본질적인 문제가 숨어 있는 것이다.

우리 축구계에 각 등급별, 지역별로 리그제가 정착되면 우리 선수들의 경기력은 눈부시게 향상될 것이다. 지도자들은 장기간에 걸쳐 선수육성계획을 세울 수 있고, 그만큼 체계적으로 기본기와 팀 전술을 훈련시킬 수 있다. 선수들 역시 '예측 가능한' 축구 스케줄 아래서 기본기를 충분히 닦을 수 있는 한편 '진짜 시합'을 많이 뛸 수 있게 되니까 다양하고 밀도 있는 실전경험을 쌓을 수가 있다. 또한 여러 경기를 통해 자주 기량을 겨루면서 상대방이 '적'이 아니라 같이 멋진 승부를 만들어가는 '동반자'라는 인식도 길러질 것이다. 더 나아가 조기 축구까지도 지역별로 리그제를 실시하면 룰을 지키면서 정정당당한 승부를 겨루는 건전한 생활축구 문화가 꽃필 수 있다. 우리 축구계가 하루라도 빨리 리그제를 도입하여 한 단계 더 높은 차원으로 도약하길 바랄 뿐이다.

2대 1로 뒤진 상황에서 어이없이 허용한 페널티킥은 치명타였다. 상대방에게 밀착하여 돌지 못하게만 하면 될 것을 '집에서 새던 버릇대로' 살짝 밀어버린 것이 들킨 것이다. 우리 선수들이야 그런 일로 무슨 페널티킥이냐고 불만이 대단했겠지만 "페널티에어리어 안에서 푸싱 반칙을 하면 페널티킥을 준다"고 '세종 실록 축구지' 50페이지 셋째 줄에 나와 있다. 요즘 훨씬 나아지기는 했지만, 우리나라 심판들은 페널티킥을 주는 데 지나치게 인색하다. 선수들 역시 명백한 반칙을 하고서도 페널티킥만 선언되면 주심 주위를 에워싸고 '공포 분위기'를 조성하기 일쑤다. 그러나 이렇게 '집에서 새던 버릇'은 수준 높은 국제대회에서는 강력한 응징을 받게 마련이다. 투지 넘치는 플레이와 깡패 스타일의 폭력을 혼동하는 분위기에서는 세밀한 기술 축구가 발전할 수가 없다. 스타 플레이어의 등 뒤에서 거친 태클을 감행하고 공 대신 다리를 '까는' 살벌한 풍토에서는 아기자기한 드리블이나 정교한 개인기가 설 땅이 없다. 이러한 저급한 반칙들을 심판들이 잡아내지 못한다면 선수들은 정당한 기술향상보다는 얄팍한 산꾀에 의존하려고 들 것이다. 싱대빙의 개인기를 무력화시킬 수 있는 기량을 연마하는 것보다는 '그냥 냅다 까는' 것이 훨씬 쉬운 일이 아니겠는가? 우리의 축구문화에 정정당당한 페어플레이 정신과 수준 높은 기술 축구가 발붙이려면 소신 있고 실력 있는 심판을 육성하여 좋은 대우를 해주는 것 또한 매우 중요한 일이다.

갈피를 못 잡고 허둥대던 우리 선수들은 스코어가 3대 1로 벌어지자 오히려 몸이 풀린 듯 경기가 끝날 때까지 약 20분 동안 그야말로 정신없이 일본을 몰아붙였다. 체력이 떨어진 일본팀은 해일처럼 몰아치는 우리 선수들의 공격에 종이배처럼 흔들거렸다. 아쉽게도 골운이 따라주지 않아 한 골만 따라붙는 데 그쳤지만, 끝까지 포기하지 않고 다리에서 쥐가 날 만큼 열심히 뛰며 분투하는 모습은 눈물겹도록 아름다웠다. 2년 전 같은 대회에서 일본에게 3대 0으로 참패할 때 골키퍼에게 옆발차기를 하는 등 실력뿐만 아니라 매너에서도 뒤진 부끄러운 경기를 벌였던 것을 생각하면 이번에는 적어도 투지면에서는 합격점이었다. 이런 투지와 정신력이라면 아직 우리나라 축구의 미래는 희망적이라고 할 수 있다. 그러나 무조건 공부를 열심히 한다고 우등생이 되는 것은 아닌 것처럼 그저 투지만 불태운다고 축구를 잘할 수는 없다. 어린 선수들을 'X세대'라고 부르며 정신력이 해이해졌다고 핀잔만 할 게 아니라 그들에게 잠재되어 있는 무한한 에너지가 건전하게 발휘될 수 있는 여건을 만들어주는 것이 중요하다. 무턱대고 하루에 여덟 시간씩 강훈련을 펼치는 구태의연한 모습에서 벗어나 체계적이고 밀도 있는 프로그램을 개발하여 훈련의 효율을 높이는 것도 지도자들의 임무일 것이다.

현실을 돌아보고 반성할 줄 아는 자에게는 가슴 아픈 패배가 화려한 도약의 발판이 될 수 있다. 치앙마이 청소년 축구대회는 3연속 월드컵 진출과 2002년 월드컵 공동개최로 들떠 있는 우리 축구계에 주는 노란색 경고 카드다. 지금부터 우리 축구는 새로운 각오로 새로운 출발을 해야 한다. 우리가 이번 치앙마이 청소년 축구대회의 쓰라린 교훈을 겸허하게 받아들이고 꿈나무 육성, 연령별 상비군 제도 운영, 등급별, 지역별 리그제 도입, 정정당당한 경기 매너 정착 등 건전하고 수준 높은 축구문화 건설을 위해 축구인 모두가 합심하여 매진한다면 2002년 월드컵대회가 끝난 뒤에는 치앙마이 청소년대회를 '알을 깨고 나오는 고통' 쯤으로 회상할 수 있을 것이다. 그러나 지금처럼 축구 행정이 원칙을 잃고 표류하고, 정정당당한 승부보다는 수단과 방법을 가리지 않는 '저질 축구'가 판을 친다면, 곧 "월드컵이고 뭐고 다 집어치우라"는 소리가 터져나올 것이다. 지금 이대로라면 한국 축구의 미래는 없다.

(1996)

추락하는 것은 날개가 없다

지난 1998년 6월 21일 새벽 나는 우리 학교 학생들 여러 명과 한 녀석의 자취방에 앉아 우리나라 축구 대표팀이 네덜란드를 맞아 1998년 프랑스 월드컵 두번째 경기를 벌이는 장면을 지켜보았다. 한국과 네덜란드의 경기에 앞서 우리는 여러 가지 시나리오를 검토하고 경우의 수를 따진 끝에 아무래도 벨기에와 멕시코가 비기는 것이 우리나라가 16강에 진출하는 데에 가장 유리하다는 결론을 내리고 하늘에 기도를 하기로 했다. 그리고 역시 우리가 바라던 대로 벨기에와 멕시코는 2대 2 무승부를 기록, 이젠 네덜란드를 잡는 일만 남았다. 우리는 우리나라에서 유명한 역술가들 수십 명 중에 한국이 멕시코에게 3대 1로 질 것이라고 예언한 사람이 딱 한 사람 있었는데 바로 그 사람이 한국이 네덜란드를 2대 0으로 이길 것이라고 예언했다는 얘기를 하면서 오늘은 우리나라가 이길 것이라며 낄낄댔다.

네덜란드는 '토털사커'의 원조이며 베르캄프, 클루이베르트, 세도로프, 오베르마스 등 세계적인 스타 플레이어가 즐비한 축구 강국이다. 지금도 나는 70년대 초반 요한 크루이프의 플레이를 떠올리며 감동에 빠지곤 한다. 그만큼 그들의 축구는 아름답고 재미있다. 그렇지만 네덜란드 아니라 네덜란드 할아버지라도 이길 수 있는 방법은 있다. 미드필드부터 집중적인 압박 수비를 펼치다가 기회가 생기면 번개 같은 역습으로 결승골을 터뜨리는 것이 바로 그것이다. 이건 누구나 다 아는 상식 아닌가. 물론 말이 그렇다는 얘기다.

드디어 경기가 시작되었다. 네덜란드 선수들이 치사하게 자기들끼리만 공을 차고 우리 선수들에겐 주지 않는 '비신사적인 행위'가 괘씸하긴 했지만 그래도 처음 30여 분간은 우리 시나리오대로 진행되는 줄 알았다. 그러나 결국 현격한 기량의 차이를 극복하지 못하고 코쿠와 오베르마스에게 연속골을 허용, 전반전은 2대 0으로 끝났다. 한 녀석이 중얼거렸다.

"이거 그 점쟁이가 예언을 거꾸로 한 것 아냐?"

후반전은 처절했다. 부상으로 경기 감각이 무딜 것이라던 베르캄프가 페널티에어리어 정중앙을 돌파하여 그림 같은 아웃프론트 킥으로 한 골을 추가, 스코어는 3대 0이 되었다. 엉터리 역술가의 예언이 거꾸로라도 들어맞기를 바랐지만 우리 대표팀은 정신적으로, 기술적으로, 체력적으로 이젠 더이상 버틸 수가 없어 보였다. 이용수 해설위원의 "이젠 빨리 경기가 끝나기만 바라는 심정"이라는 참담한 토로가 흘러나왔다. 그뒤로는 더이상 할 얘기가 없다. 결국 5대 0으로 멍든 가슴을 안고 아침 햇살을 맞는 심정은 무어라고 말할 수 없을 만큼 비참했다. 그리고 문득 우리가 정말 터무니없는 기대를 하고 있었다는 생각을 했다. 우리는 정말 제대로 준비하지도 않으면서 터무니없는 기대를 하곤 한다. 축구가 그렇고 과학기술이 그렇고 경제가 그렇다(정치는 어차피 기대하지도 않으니까). 우리는 언제까지 이렇게 터무니없는 기대만 할 것인가.

이제 한동안 각 신문의 스포츠면은 "추락하는 한국 축구, 위기의 끝은 어디인가" 따위의 분석기사와 대책마련으로 호들갑을 떨 것이다. 그렇지만 그런다고 해서 우리 축구가 크게 달라질 것으로 보진 않는다. 성수대교가 끊어졌을 때도 삼풍백화점이 무너졌을 때도 똑같았다. 그저 그러다가 말 것이다. 한국 축구의 문제점과 대책은 이미 모두 다 잘 알고 있다. 충분한 숫자의 천연잔디구장 확보, 유소년 축구 육성, 등급별 지역별 리그제 도입, 정정당당한 경기문화 확립, 생각하는 축구를 통한 경기력 향상, 국내 프로축구리그의 활성화 등이 바로 그것이다. 굳이 한 가지 덧붙이자면 이런 근본적인 문제는 도외시한 채 '대표팀 때리기'만 계속하는 스포츠 언론의 개혁 정도가 될까. 중요한 것은 위에 열거한 사항들이 '희망사항'에서 '실천사항'으로 바뀌어야 한다는 것이다.

사실 이왕 말이 나온 김에 하는 얘기지만 지금의 현실에서는 우리 축구가 이만큼 하는 것도 기적이다. 이번 월드컵에서 드러난 뼈아픈 현실은 무엇보다도 우리 대표선수들이 개인 기량 면에서 세계 수준의 선수들에게 현저하게 뒤진다는 것이다. 도대체 제대로 된 축구전용구장은 겨우 두 개밖에 없고, 자라나는 어린 선수들은 맨땅 그라운드에서 매일같이 찰과상을 입으며 축구를 하는 처지에서 어떻게 마술사 같은 드리블과 깊고 효과적인 태클을 기대하겠는가. 한 번만 생각해보라. 맨땅 골프장에서 박세리 같은 선수가 나올 수 있겠는가를. 결국 충분한 숫자의 천연잔디구장을 확보하지 않은 상태에서 한국 축구의 발전을 얘기한다는 것 자체가 어불성설이다.

게다가 우리나라 축구 경기문화는 지나치게 거칠고 경직되어 있다. 정당한 몸싸움이나 태클보다는 비열한 '까기'가 판치는 그릇된 풍토에서는 '생각하는 축구'나 '기술축구'가 발붙일 여지가 없다. 우리나라 심판들이 무수한 비열한 반칙들을 묵인해줄수록 우리 축구문화는 그만큼 촌스러워진다. 하석주가 첫 경기에서 무리한 백태클로 퇴장을 당한 것도, 우리 선수들이 네덜란드 전에서는 지레 겁먹고 제대로 수비 한번 못 해본 것도 이러한 '촌티 나는' 환경의 필연적인 산물이다.

우리 축구의 미래가 유소년 축구의 육성에 달려 있다는 것은 두말할 필요도 없는 얘기다. 우리 문화에 유럽식 클럽축구가 정착하기는 어렵겠지만 학원 스포츠만큼은 얼마든지 정상화시킬 수 있다. 우선 무엇보다도 대학 진학의 방편으로만 인식되고 있는 체육 특기자 제도부터 전면적으로 손질해야 한다. 그래야만 제대로 된 지성과 인격을 갖춘 축구선수와 지도자들을 육성할 수가 있고 그만큼 우리 축구문화가 발전할 수 있다.

네덜란드에 참패한 다음날 차범근 감독이 해임되었다. '프로 정신'을 중시하는 차범근 감독인만큼 책임을 진다는 의미에서 그의 해임이 자연스럽게 받아들여지는 면도 있다. 그러나 오늘의 차범근은 "용병의 기본 원리도 모르면서 독선과 아집으로 대표팀을 무너뜨린 주범"인 것처럼 비난받고 있지만 작년의 차범근은 '템포 축구'와 '실리 축구'로 우리 대표팀을 월드컵 본선에까지 끌어올린 '대통령 후보'였다. 작년엔 대통령으로 추대하자고 하더니 이제는 역적으로 매도하는 것은 현재의 위기를 타개하기 위한 희생양으로 삼겠다는 얘기인가 아니면 진짜로 대통령으로 추대하기 위한 수순인가.

우리가 차범근 감독을 퇴진시키면서 잊지 말아야 할 것은 그가 추구하던 한국 축구 발전의 모델마저 용도폐기해서는 안 된다는 것이다. 그가 시도했던 철저한 데이터 관리를 통한 합리적인 용병술은 비록 이번 월드컵에서는 크게 실패했지만 앞으로 더욱 과학적인 체계로 발전시켜야 할 것이다. 또한 그가 항상 내세우던 프로축구인으로서의 자부심과 긍지, 그리고 나락으로 떨어진 현 상황에서도 미래를 준비하는 진지한 자세는 축구인들뿐만 아니라 다른 분야에 종사하는 모든 '프로'들이 본받아야 할 정신자세일 것이다. 우리는 불명예스럽게 퇴진한 차범근을 비롯, 그와 비슷한 방식으로 퇴진했던 비쇼베츠와 박종환 등 여러 전임 감독들을 기억하자. 우리 축구는 바로 그런 사람들의 희생과 헌신을 바탕으로 발전하는 것이기 때문이다.

우리 축구는 분명 심각한 위기에 빠져 있다. 그러나 우리 선수들이 벨기에 전에서 보여줬던 감동적인 투혼을 바탕으로 이미 잘 알고 있는 우리 축구의 문제점들을 하나하나 차분하게 해결해나간다면 우리도 2002년 월드컵대회 때는 환하게 웃을 수 있을 것이다.

(1998)

2003년의 한국 축구*

오늘따라 올림픽대로를 달리는 길이 몹시 상쾌하다. 어제까지 며칠 동안 퍼붓던 비가 말끔히 갠 탓인지 왼편으로 보이는 서울의 모습이 맑고 산뜻하다. 강축구씨는 힐끗 시계를 들여다본다. 12시 20분이다. 오늘은 열두시 땡 치자마자 사무실을 나섰다. 초등학교 5학년인 딸, 하라의 축구경기가 있기 때문이다. 매주 토요일 오후에 있는 딸아이의 축구경기 때문에 주말은 그냥 축구에 묻혀 산다. 어렸을 때부터 운동신경이 발달한 하라를 아예 축구팀에 집어넣은 것은 아이가 초등학교 1학년 때였다. 축구선수가 되기를 원했다기보다는 축구를 통해 친구들도 사귀고 건강하게 뛰어 노는 모습을 보고 싶었기 때문이다. 요즘 좋은 아빠의 조건은 '축구 아빠'를 할 수 있느냐 없느냐에 달려 있다. 왜냐하면 모든 초등학교마다 인성교육의 일

---

* 이 글은 1998년 월드컵이 끝난 직후에 5년 후의 한국 축구에 대한 희망을 담아 예언처럼 쓴 글이다.

환으로 축구를 장려하여 주말마다 연령별로 지역리그 경기가 벌어지기 때문이다. 3학년까지는 자기 학교 내에서 반 대항 경기를 갖지만 4학년 이상이 되면 학년별로 학교 대표선수를 뽑아서 인근 지역의 학교를 돌아다니면서 홈 앤드 어웨이 방식으로 리그를 벌인다. 하라는 4학년이 되면서 발군의 실력으로 당당히 학교 대표에 뽑혔다. 어린 시절 축구선수가 되는 것이 꿈이었던 강축구씨는 아이가 자랑스럽기만 하다. 강축구씨는 아이의 경기를 지켜보며 큰 목소리로 응원을 하는 것이 직장생활의 스트레스를 푸는 가장 효과적인 방법이라고 생각한다. 가끔씩 "축구는 말야, 이렇게 하는 거야" 하고 코치를 해줄 때면 오랜만에 사람 구실을 제대로 하는 것 같아 흐뭇하기도 하다.

물론 아이들의 축구경기 하나에 그렇게 주말이 다 날아갈 만큼 오랜 시간이 드는 것은 아니다. 정작 시간이 걸리는 것은 아이들의 경기가 끝난 뒤이다. 곧이어 강축구씨가 속한 조기축구회의 경기가 뒤따르는 것이다. 운동장이 부족한 우리나라 실정에서 대부분의 조기축구회는 초등학교의 운동장을 빌려 쓰는 형편이다. 한국생활축구연합회에서는 이왕 이렇게 된 김에 조기축구회끼리의 경기에도 아예 지역리그제를 전면적으로 도입하기로 했다. 그러니까 신성초등학교와 인헌초등학교의 경기가 있는 날은 신성조기축구회와 인헌조기축구회가 또 경기를 하는 것이다. 초등학교 리그의 대진 일정이 결정되면 조기축구팀들은 그냥 그 일정만 따르면 되니까 오히려 일도 쉬워졌다. 이렇게 되니까 초등학교 시합에는 아빠, 엄마 응원단이 등장하여 목청을 돋우고 아빠들의 시합에는 아이들 응원단이 등장하여 분위기가 아주 즐겁게 되었다.

　아이들끼리의 경기는 물론 축구를 즐기는 것이 가장 중요한 목적이다. 축구를 즐기면서 협동심과 인내심, 그리고 희생과 헌신의 의미를 배우는 것이다. 그런데 언제나 아빠들끼리의 경기가 문제다. 나이도 들 만큼 들고 배도 적당히 나온 사람들이 치열한 경쟁사회에서 배운 습성 때문인지 자꾸만 상대방의 옷을 붙잡고 다리를 거는 일이 벌어지는 것이다. 성질 급한 강축구씨도 상대 선수의 발에 걸려 넘어진 뒤 얼굴을 붉히다가 조기축구회 총무에게 근신 처분을 받은 적도 있다. 그래도 요즘엔 분위기가 많이 좋아졌다. 지역리그가 도입되기 전에는 대부분의 경기가 자기들끼리 하는 거니까 분위기가 험해질 것도 없지만 어쩌다가 외부팀과 시합을 하게 되면 경기를 주선한 사람들을 제외하면 서로 안면을 몰수하는 사이인지라 대부분의 시합이 거의 'OK목장의 결투' 수준이었다. 또한 어쩌다가 한 번씩 대회에 나가면 모든 대회가 토너먼트 방식으로 진행되니까 참가비도 아깝고 해서 매 경기 사생결단의 접투가 벌어지곤 했다. 그런데 지금처럼 지역리그제가 도입된 이후엔 정규시합에 출전할 수 있는 기회가 많아져서 본전은 뽑을 수 있게 된데다가 또 자기 아이들이 지켜보고 있으니까 자식들 앞에서 얼굴을 붉히고 싸울 수가 없게 된 것이다. 이 세상의 부모 마음은 다 같다. 아무리 성질이 더러운 사람도 제 자식 앞에서는 그래도 제법 교육적인 효과까지 생각하게 마련이다. 따라서 심판 판정에 불만이 있거나 상대방의 태클이 조금 심하다 싶어도 여유 있는 마음으로 페어플레이 정신을 강조하게 되어 명랑한 분위기 속에서 경기가 진행된다. 이렇게 진지하지만 화기애애한 아빠들끼리의 경기가 끝나고 응원단을 향하여 인사를 할 때면 강축구씨는 마치 아이들에게 민주시민의 모범적인 모습을 보여준 것처럼 가슴이 뿌듯해지곤 한다.

우리나라 초등학교 축구경기에 이렇게 연령별 지역리그제가 도입된 것은 2001년부터이다. 지난 1998년 프랑스 월드컵에서 우리 축구대표팀이 '오렌지 군단' 네덜란드에게 '5대 빵'이라는 치욕적인 참패를 기록한 뒤 대한축구협회는 대회가 끝나기도 전에 '갈색 폭격기' 차범근 감독을 해임하는 초강수를 두며 대대적인 개혁 작업에 들어갈 것처럼 부산을 떨었다. 신문, 방송 등 각 언론에는 '벼랑 끝의 한국 축구, 무엇이 문제인가' '그것이 알고 싶다―한국 축구의 생존의 길' 따위 한국 축구의 문제점을 진단하고 대책을 제시하는 분석기사들로 홍수를 이루었다. 그러나 언제나 그랬듯이 그저 소리만 요란했을 뿐 막상 구체적으로 뭐 하나 제대로 시작한 것은 없었다.

역설적이긴 하지만 1998년 월드컵 당시 우리 대표팀이 벨기에와 마지막 시합에서 맹렬한 투혼을 발휘하여 예상 외로 선전하는 바람에 모든 책임을 차범근 감독에게 미룰 수 있게 된 것이 불행의 시작이었다. 대부분의 축구인들과 국민들은 "역시 정신력이 문제였어" 하고 고개를 끄덕였다. 대한축구협회 역시 유소년 축구 육성, 천연잔디구장 확보, 정정당당한 경기문화 확립, '생각하는 축구'를 통한 경기력 향상 등 근본적인 개혁 작업은 외면한 채 "대표팀 감독의 전횡을 방지하고 민주적인 운영을 하겠다"는 '면피용 땜질 대책'만 내놓고 뒤로 물러앉았다. 언론에서는 차범근 감독을 비롯한 몇몇 특정인에게만 책임을 전가시키면서 축구인들의 분열을 조장하여 프랑스 월드컵이 끝난 뒤 우리 축구계는 완전히 '콩가루 집안'이 되었다.

그리고 그 악영향은 곧바로 프로축구의 붕괴 위기로 이어졌다. 1998년 프랑스 월드컵이 끝난 뒤 대표선수들을 소속팀에 복귀시켜 계속된 프로축구리그에서 가장 중요한 이슈로 떠오른 것은 바로 백태클에 대한 제재였다. 대한축구협회는 프랑스 월드컵에서 배운 대로 백태클에 대해 엄격한 제재를 가한다는 방침을 세웠지만, 심판들 역시 '프랑스 월드컵에서 배운 대로' 기준도 원칙도 애매한 레드카드를 남발하기 시작했다. 어쩌다 한 선수를 퇴장시키면 상대팀에게 왠지 미안해지는 '한국적 정서' 때문인지 다음번엔 별로 신체적 접촉이 없었는데도 상대팀에게 페널티킥을 선사하는 일이 많아졌다. 또 백태클은 엄격하게 제재하면서도 어디서 배운 요상한 균형감각인지 백태클을 제외한 다른 모든 반칙에 대해서는 심판들이 지나치게 관대해졌다. 선수들은 짱구인가. 원칙도 기준도 애매한 심판들의 엉터리 판정이 계속되자 선수들은 교활하게 그 틈새를 파고들어 손으로 팬티 잡기, 팔꿈치로 콧등 까기, 엉덩이로 태클하기 등 각종 창의적인(?) 반칙을 개발해냈다. 이에 따라 게임은 게임대로 거칠어지고 선수는 선수대로 퇴장당해 여덟 명, 아홉 명씩 싸우는 경기가 속출했다. 그뿐인가. 어느 한 선수가 퇴장당하면 그 팀의 감독은 이런 엉터리 심판 아래서는 경기를 못 하겠다면서 선수들을 그라운드에서 불러내어 시위를 벌이고 그러다가 끝내는 심판이 신경질적으로 몰수게임을 선언하는 경기가 양산되었다. 결국 그해의 프로축구리그는 몰수게임의 스코어인 2대 0 경기가 가장 많은 해가 되었고, 덕분에 지리멸렬의 극치인 경기 내용과는 달리 게임당 평균 득점이 적어도 2점은 넘는 기현상마저 벌어졌다. 거의 매 경기 이런 난장판이 벌어지니까 프로리그가 끝나는 10월쯤에는 대표급 우수 선수들은 대부분 깊은 부상을 입어 선수생명을 위협받는 지경에 이르렀다. 따라서 가뜩이나 면 대항 축구시합 수준이던 프로축구 경기의 관중 수는 더욱 줄어들고 말았다.

이런 위기 속에서 방콕 아시안 게임이 다가왔다. 그런데도 축구인들은 정신을 못 차리고 '아시아 최강'이라는 착각 속에 빠진 채 집안 싸움에 열중해 있었다. 축구인들의 분열에 신물이 난 정몽준 회장은 축구인들이 단합하지 않는다면 대한축구협회 회장직에서 사퇴하겠다는 폭탄선언을 남기고 해외출장을 떠났다. 조중연 전무는 사태의 심각함을 경고하며 축구인들의 단합을 호소했지만, 축구인들은 국내 축구의 발전에는 제대로 신경 쓰지도 않으면서 자신의 국제적 입지에만 신경 쓰는 회장은 필요 없다면서 정몽준 회장을 비난하기 시작했다. 회장도 전무도 업무에서 손을 뗀 채로 표류하던 대한축구협회는 방콕 아시안 게임을 불과 2주일 앞둔 시점까지도 대표팀 구성도 못 하고 우왕좌왕하더니 결국 그해의 우승팀을 중심으로 대표팀을 급조하여 1998년 말의 아시안 게임에 출전했다. 어차피 국가대표로 뽑힐 만한 우수 선수들은 대부분 시즌중 입은 부상으로 아시안게임에 출전할 수도 없었으니 이렇게 급조, 아니 날조된 대표팀이 좋은 성적을 올릴 수 없는 것은 당연한 일이었다. 우리나라는 예선 첫 경기부터 홍콩에게 비기는 등 불안한 면을 보이더니 그 동안 누워서 떡 먹기로만 생각하던 태국과 말레이시아 전에서 연패하여 예선탈락하고 말았다.

강축구씨는 지금도 그때만 생각하면 현기증이 난다. 한국 축구가 끝없는 나락으로 떨어지고 있었기 때문이다. 이렇게 한국 축구가 30년 정도 후퇴한 채로 1999년이 밝아오고 프로축구 정규리그가 시작되었다. 우리나라 프로축구는 20년이 넘는 역사를 지녔지만 그때까지만 해도 운영상태는 차마 프로라고 말하기가 망설여지는 수준이었다. 프로축구단이면 축구를 통해 수익을 올려야 한다. 그런데 해마다 수십억원씩 적자를 내면서 대기업에 빌붙어 홍보실의 산하 기관 정도로 운영된다면 그건 이미 프로축구팀이라고 할 수 없는 것이다. 자기 스스로 자립하지 못하는 프로가 무슨 프로인가. 이런 한심한 사정에 급격한 변화를 가져다준 것은 역설적으로 IMF 체재의 어려움이었다.

자금난과 국제수지 악화로 경영난에 빠져든 모기업들이 프로축구단의 운영을 근본적으로 재검토하기 시작한 것이다. 사실 별로 기업 이미지에 도움을 주지도 못하면서 해마다 수십억원씩 까먹고 있는 프로축구팀들을 그냥 둔다면 그 기업 역시 문제가 있는 기업일 것이다. 기업의 처지에서 보면 옛날에야 축구 좋아하는 대통령이 무서워서 울며 겨자 먹기로 축구단을 운영했지만 '국민의 정부' 시대에 이르러서도 장사가 안 되는 사업을 계속할 수는 없는 것이었다. 이제 프로축구단들은 적자를 면치 못하는 이상 문을 닫아야 하는 형편에 직면했다. 1999년 한 해 동안 무려 다섯 개의 프로축구팀이 해체되고, 겨우 다섯 개의 축구팀만 남아 우리나라 프로축구리그의 존폐마저 위협받는 상황이 되고 말았다. 몇몇 기량이 출중한 선수들은 그동안 발목을 잡고 있던 구단이 아예 해체된 틈을 타 이탈리아, 스페인, 일본 등 해외 프로팀으로 진출했지만 당장 실업자가 된 대부분의 선수들은 살 길이 막막해졌다. 김도균, 이관우, 박병주, 양현정, 서기복 등 한국 축구의 장래를 짊어질 것으로 촉망받던 젊은 선수들이 축구선수로서의 미래를 포기하고 군입대를 결심하는 형편이었다.

한편 당장 눈앞으로 다가온 2000년 시드니 올림픽 아시아 지역 예선전에 출전할 대표팀 구성 문제를 놓고 축구인의 분열은 더욱 심화되었다. 그 동안 우리나라 축구계를 주름잡아 몇몇 명문대 출신 인맥의 독주에 불만을 가지고 있던 일부 비주류 축구계 인사들은 공개적으로 주류 인사들의 퇴진을 요구하며 '한국축구연맹'이라는 새로운 단체를 만들 움직임마저 보였다. 결국 지리한 힘겨루기 끝에 올림픽 대표팀 감독도 결정하지 못한 대한축구협회는 '집단지도체제'라는 기상천외한 방안을 제시했고, 이렇게 엉성하게 구성된 대표팀은 저조한 성적으로 시드니 올림픽 출전권을 놓치고 말았다. 이번에도 각종 언론에서는 생난리를 쳤지만 국민들은 오히려 아무런 관심도 없는 듯했다. PC통신에도 우리 축구에 대한 분노나 질책보다는 '타도 한국 노리던 일본은 닭 쫓던 개가 되었다' '중국은 결국 '공한증'을 극복할 수 있는 기회가 원천적으로 봉쇄된 것이다' 따위 시니컬한 평가가 주조를 이루었다. 사태가 이렇게 되자 축구인들이 도리어 불안해졌다. 축구 팬들이 축구인들을 비난하다 지쳐 아예 무관심해졌다는 것은 축구인들 모두가 자칫 잘못하면 공멸의 나락으로 떨어질 것이라는 뜻이기 때문이다.

　이렇게 암울한 분위기 속에서 서기 2000년이 밝았다. 강축구씨가 어린 시절 어린이 잡지에서는 "서기 2000년이 되면……"이라는 제목으로 큰 도시에는 모노레일이 깔리고 인도에는 벨트가 설치되어 사람들이 걷지 않아도 저절로 움직이는 등 환상적인 모습을 그린 기사를 많이 볼 수 있었다. 그렇지만 강축구씨에게는 그런 모든 것들보다도 그해 일어난 축구계의 여러 움직임들이 더욱 환상적이었다. 우선 많은 뜻있는 축구인들이 여러 가지 어려운 사정 속에서도 한국 축구의 장래를 비관하지 않고 묵묵히 미래를 대비했다. 한때는 '실리 축구'와 '템포 축구'로 한국 축구를 위기에서 구한 구세주로 추앙받았던 차범근 감독은 1998년 월드컵에서 상식을 벗어난 작전과 용병으로 참패를 거듭, 대회 도중에 해임되는 커다란 불명예를 안게 됐지만, 자신의 축구 인생 최대의 시련에도 흔들림 없이 차범근 축구교실에 온 힘을 다하여 어린 선수 육성에 전념했다. 대표팀 감독 후보 0순위로 꼽혀왔으면서도 축구계의 분열과 반목 때문에 제대로 뜻을 펴지 못했던 허정무 감독 역시 전국 각지의 중·고등학교를 순회하며 무료 지도에 나서 중앙 무대에 알려지진 않았지만 재능이 뛰어난 우수 선수 발굴에 앞장섰다. 그밖에 최순호, 김종부, 신연호 등 지난날 아시아 축구 무대를 주름잡던 스타 플레이어들도 어린이 축구교실을 운영하며 미래 한국 축구를 짊어질 재목 양성에 힘을 쏟았다. 한편 김정남, 이회택, 김호, 박종환 등 과거 국가대표팀 감독을 맡았던 명감독들은 그 동안의 라이벌 관계를 청산하고 비쇼베츠와 니폼니시를 비롯한 몇몇 외국 감독들과 함께 매달 정기적인 연구 모임을 결성하여 한국 축구에 가장 걸맞은 축구 스타일을 개발하기 위한 연구를 시작했다.

여기에 발맞추어 한국 축구 발전에 또다른 기폭제가 된 것은 여러 가지 종류의 정통 축구이론서적들이 발간된 것이다. 독일이나 영국 등 축구 선진국은 말할 것도 없고 이웃 나라인 일본만 해도 수준 높은 축구이론서적들이 많이 발간되어 축구 발전에 크게 이바지하고 있다. 그러나 우리나라에는 그럴듯한 이론 서적이 제대로 구비되어 있지 않은 형편이었다. 이런 현실에 커다란 변화를 가져온 것이 세종대학교의 이용수 교수가 집필한 『21세기 현대 축구의 이해』였다. 2000년 발간된 지 한 달 만에 베스트셀러에 올라 지금까지 3년 동안 폭발적인 인기를 끌고 있는 이 책은 킥, 슈팅, 패스 등 기본기 훈련에서부터 부분 전술, 팀 전술, 포메이션의 변화, 각종 방어전술까지를 망라한 치밀한 것으로서 우리나라의 모든 축구 지도자와 선수들에게 없어서는 안 될 '축구 바이블'이 되었다. 이 책 덕분에 웬만한 아마추어 축구클럽들도 오프사이드 트랩 같은 기본적인 전술을 쓸

수 있을 정도로 축구문화의 수준이 높아졌다. 한편 서울대학교 체육연구소에서는 스포츠 총서 시리즈의 일환으로 『축구대백과사전』을 편찬하여 일반인들도 그 동안 축구가 발전해온 과정이나 월드컵의 역사, 흘러간 스타들의 발자취 등을 손쉽게 살펴볼 수 있게 하였다. 특히 축구 경기 규칙을 여러 가지 상세한 예를 들어 설명한 '축구규칙 편'은 일반인들뿐만 아니라 전문적인 심판들에게도 '육법전서'와 같은 역할을 하게 되었다. 따라서 동네 축구에서도 "팔꿈치 위의 부분에 공이 맞았으니 핸들링이 아니다"라든지 "뒤에서 태클하긴 했지만 공을 차려고 한 것이니까 파울이 아니다" 따위의 어거지는 더이상 통하지 않게 되었고, 극성팬들이 시비 끝에 내기를 걸었다가도 대한축구협회에 전화를 걸어 문의하는 대신에 『축구대백과사전』을 찾아보면 '분쟁'을 해결할 수 있게 되었다.

  한편 우리나라 스포츠 언론이 체질을 개선한 것도 매우 중요한 변화였다. 사실 그전에도 우리나라에 스포츠 전문지들이 많이 있었지만 그 신문들은 말이 스포츠 전문지이지 '전문성'과는 거리가 멀었다. 스포츠신문이 40여 면에 달할 때에도 정작 스포츠 기사는 10면 이내에 그치고 주로 시시하고 재미없는 연예인들의 뒷얘기나 일삼는 저질 황색신문에 불과했었다. 그래도 명색이 스포츠 전문지인지라 무슨 중요한 일이 생기면 큼지막한 사진과 함께 호들갑을 떨긴 하지만 막상 대책은 알맹이 없이 공허한 소리에 불과한 경우가 많았다. 또한 경기 분석이라고 내놓는 것도 전문성이 결여되어 있어서 도대체 자기가 무슨 소리를 하는지 알고나 있는지 궁금해질 때도 있었다. 1998년 프랑스 월드컵 직후에 나온 "우리 축구는 지역방어라는 세계적인 조류를 무시하고 전근대적인 대인방어 시스템을 채택하고 있어서 개인기가 좋은 팀에게는 뻥뻥 뚫린다"는 해괴한 분석이 그 예이다. '지역방어'가 정말로 '새로운' 세계적인 조류라는 것을 인정한다고 하더라도(축구에 포메이션이 있다는 것이 기본적으로 지역방어를 하겠다는 것 아닌가?) 지역방어도 개인기량이 월등한 선수에겐 뻥뻥 뚫리게 마련이다. 지역방어든 대인방어든 한번 뚫렸을 경우에 그에 맞는 커버 플레이를 훈련하는 등 조직력을 키워야 하겠지만 결국엔 선수 개개인의 개인기량을 향상시키는 일이 가장 좋은 방법일 것이다. 그때 나온 "개인기가 없으면 체력은 아무 소용없다"는 얘기도 마찬가지다. 거꾸로 체력이 부족하면 개인기도 아무 쓸모없게 되는 것이다. 이런 것은 결국 전문성과 깊이가 부족한 기자들이 체육부를 잠깐 들렀다 가는 자리로 생각하며 아무 생각 없이 글을 쓰기 때문이다. 심지어는 호나우도(Ronaldo)와 호마리우(Romário) 콤비를 일컬어 "브라질, 쌍H포로 무장" 따위의 기사가 나올 정도이니 무슨 말을 더 하겠는가.

 방송도 마찬가지다. 축구 팬들이 스포츠 캐스터들에게 염증을 느낄 때는 바로 그들이 선수들과 시청자들을 훈계하려 할 때이다. TV를 지켜보는 축구 팬들도 어떤 상황이 벌어지고 있는지는 뻔히 알고 있는데 소리를 고래고래 질러가며 "홍명보, 옆으로 내주는 순간, 무책임한 패스, 중간 차단당했습니다" 따위를 부르짖고 있을 때는 보는 사람이 더 짜증이 난다. 가뜩이나 우리 선수들이 부진한 경기를 펼쳐 답답해하고 있는데 "골키퍼가 너무 앞으로 나왔어요" "저 선수는 도대체 왜 저런 짓을 할까요?" 하며 시청자들에게 도리어 힐문을 해대면 TV 보는 사람은 도대체 어떻게 하란 말인가. 어떤 의미에서는 한국 축구의 가장 큰 문제점이 잘 알지도 못하면서 이랬다저랬다 와글와글 떠드는 스포츠 언론이었을 것이다(물론 강축구씨도 저도 그러고 있는 줄 잘 안다).

그러나 X세대 스포츠 마니아들이 점차 스포츠 언론으로 진출하면서 스포츠 언론의 전문성이 눈에 띄게 개선되기 시작했다. 스포츠 전문지뿐만 아니라 각 신문의 스포츠 면에도 깊이 있고 날카로운 분석기사들이 대부분을 차지하게 되었다. 스포츠 중계의 모습도 달라졌다. 스포츠 캐스터들은 선수들의 성장과정과 특징, 주변 이야기나 그밖의 여러 가지 통계자료들을 보여주어 관전자들의 이해를 돕는 바람직한 방향으로 변화하기 시작했다. "아유, 저건 발만 갖다대면 되는 건데요" "한 명이 빠졌어도 열 명이 열심히 뛰면 되죠? 그런 걸 바로 '십시일반'이라고 하는 것 아니겠습니까?" "그렇습니다. 우리 선수들이 십시일반의 정신을 발휘하여 열심히 뛰어주길 바랍니다" 따위 말도 안 되는 주장도, 뻔히 심판은 오프사이드를 선언했는데 캐스터는 골키퍼 차징이라고 떠들어대는 모습도 줄어들었다. 무엇보다도 강축구씨를 기쁘게 한 것은 본격적인 축구전문지 『붉은 악마』가 탄생했다는 것이다. 아직은 더 두고 봐야 알겠지만 국내외 축구선수들의 활동뿐 아니라 새로운 전술이나 훈련방법들을 소개하는 등 재미있으면서도 알찬 내용으로 많은 축구 팬들의 호응을 얻고 있다. 얼마 전 나온 영화전문잡지가 영화 마니아들을 대상으로 하고 있듯이, 『붉은 악마』 역시 괜히 이 사람 저 사람 다 만족시키려고 애쓰지 말고 확실한 독자층 확보에 주력하는 것이 성공의 비결일 것이다.

우리나라에는 본선 무대도 밟지 못한 2000년 시드니 올림픽이 폐막된 직후 일대 사건이 일어났다. 대한축구협회가 특별 기자회견을 갖고 '한국축구장기발전계획'이라는 제목의 축구계 개혁방안을 발표한 것이다. 대한축구협회 행정 쇄신, 유소년 축구 육성, 천연잔디구장 확보, 프로축구 활성화, 학원 스포츠 개혁, 우수 지도자 및 심판 양성을 위한 교육과정 개설 등을 골자로 한 이 발전계획은 정몽준 회장과 조중연 전무, 그리고 훗날 '개혁 4인방'이라는 이름으로 불리게 되는 신진 축구인들이 그 동안 물밑작업을 거쳐 극비리에 수립한 야심만만한 축구계 개혁방안으로서, 어떤 의미에서는 '친위 쿠데타'라고까지 할 수 있는 것이었다. 물론 발전계획에 들어 있는 내용이야 누구나 생각하고 있던 것들이었다. 중요한 것은 이러한 '희망사항'들을 어떻게 '실천사항'으로 바꿀 수 있느냐였다.

축구협회가 제일 처음 시작한 개혁작업은 축구협회의 여러 조직을 개편하여 효율적인 체제로 정비하고, 축구협회의 운영에 경영마인드를 도입, 여러 가지 수익사업을 개발하여 축구협회의 재정을 튼튼히 하는 것이었다. 어떤 사람들은 축구협회가 돈벌이에만 눈이 멀어 축구발전에는 신경을 쓰지 않는다고 비난하기도 했지만 지난 30년 동안 기업인 회장의 주머니를 털어 축구협회를 운영해온 전근대적인 방식으로는 21세기의 새로운 물결 속에 살아남을 수 없으리라는 것은 불문가지였다.

그 다음에 착수한 사업이 유소년 축구 육성과 천연잔디구장 확보였다. 먼저 모든 초·중·고등학교 대회를 전후기 대회로 통합하여 연령별, 등급별 지역리그를 정착시켰다. 축구 전문가들은 유럽식 클럽축구를 이상적인 모델로 생각하는 경우가 많지만 그 모델을 그대로 한국에 이식했을 때의 부작용을 감안하여 유소년 축구팀은 학교를 단위로 운영하되 클럽시스템을 가미하는 절충식을 택한 것이다. 나이에 따라 신체조건과 체력이 확연히 차이가 나는 초등학교는 무조건 학년별로 대회를 진행시키도록 했고, 초·중·고교 모두 전국 규모의 대회는 6월과 11월 초에 각 지역리그의 우승팀이 모여 토너먼트를 벌이는 방식으로 확정했다. 모든 경기는 토요일 오후에 진행하여 수업 결손이 없도록 조정했고, 중·고등학교 선수들에게는 성적의 하한선에 대한 규정을 두어 정해진 성적에 미달하는 선수들은 경기는 물론 경우에 따라서는 팀 훈련에도 참가할 수 없도록 했다. 어느 선수든지 그가 아무리 뛰어난 선수로 성장한다고 해도 선수생활을 하는 기간보다는 그렇지 않은 기간이 훨씬 더 길기 때문이다.

한편 각 프로구단은 의무적으로 다섯 개 이상의 천연잔디구장을 확보하도록 했고, 그중의 하나는 3만5천 명 이상을 수용할 수 있는 국제규격으로 할 것과 적어도 두 개는 매주 한 번씩 해당 지방자치단체의 초·중·고교 축구선수들이 연습할 수 있도록 강제 규정을 두었다. 그러나 이 방안은 그러지 않아도 재정자립도가 떨어지는 프로

축구단들의 반발이 심해서 아직도 시행에 진통을 겪고 있다. 우리나라 프로축구단들이 유소년 축구에 투자하는 것이 장기적인 안목에서 바로 자신들에 대한 투자라는 것을 인식하는 날이 오기까지는 아직 시간이 좀더 필요한 것 같다.

'개혁 4인방'의 개혁작업 중에 가장 어렵고 말썽이 많았던 것이 바로 학원 스포츠에 대한 개혁이었다. 사실 우리나라 학원 스포츠는 그 동안의 수많은 공헌에도 불구하고 뚜렷한 한계가 드러나 있었다. 특히 우수 선수의 육성이라는 본래의 취지는 간 데 없고 대학 진학의 방편으로만 인식되어 있는 대학입학 특기자 제도는 전면적인 손질이 불가피했다. 그러나 이 제도는 앞서 나온 성적 하한선 제도와 함께 축구에만 국한된 문제가 아니라 중·고등학교 교육 전반과 입시제도에까지 걸친 문제여서 사실 '개혁 4인방'의 능력과 권한을 벗어나는 일이었다. 축구협회는 교육, 행정 및 경영 전문가들로 자문단을 구성하고 대학입시의 체육특기자 제도에 대한 전면적인 재검토를 거쳐 교육부에 개혁안을 제시했지만 이유야 어찌 되었든 자기 자식이 불이익을 보는 것을 참지 못하는 학부모들의 집단적인 반대에 직면했다. 지금 고등학생들에 대해서는 기존의 특기자 제도를 적용시키고, 새로운 제도는 중학생부터 적용시키자는 타협안도 길거리에 머리띠를 두르고 나서는 학부모들의 시위사태로 벽에 부딪힌 상태이다. 결국 축구협회는 장단기 해외축구연수를 떠난 학생이 해당 국가에서 중·고등학교를 다닐 경우 그 학력을 인정해줄 것을 포함한 장단기 해외축구연수촉진법안을 교육부에 건의해놓고 그 결과를 기다리는 중이다. 강축구씨 역시 하라가 고등학교 때엔 브라질로 축구연수를 보내달라고 조르는 바람에 고민이다. 마음 같아서야 브라질에서 고등학교를 다니면 축구도 배우고 포르투갈어로 공부도 할 테니 일석이조 같지만 만일 그랬다가는 귀국해서 절대로 대학입시에 합격할 수 없을 테니 진퇴양난인 것이다. 하라야 포르투갈어를 전공하여 축구대사로서 국제활동을 하겠다고 기염을 토하고 있지만 강축구씨는 그 생각만 하면 벌써부터 골치가 아프고 밥맛이 떨어진다. 그래도 학원 스포츠가 정상화되는 올바른 궤도로 접어든 이상 몇 년만 지나면 건전하고 차원 높은 학원 스포츠문화가 정착될 것이라고 희망하고 있다.

학원 스포츠 개혁에 비하면 프로축구의 개혁은 상대적으로 쉬운 것이었다. 사실 우리나라 프로축구의 가장 큰 문제점은 축구 팬들이 경기장을 찾지 않는다는 것이었다. 축구장에 관중이 없으니까 입장수입을 올릴 수 없고 관중도 없는 경기에 TV 중계가 따라올 리 만무하니까 중계료도 챙길 수 없다. 그래도 선수들과 감독의 연봉은 줘야 하니 적자가 나는 것은 당연하다. 스스로 자립하지 못하고 매년 적자를 내면서 모기업에 빌붙어 연명하는 프로축구단의 운영이 정상적일 수가 없다. 이런 축구단의 책임자는 자연히 무조건 우승을 해야 한다는 강박관념에 시달리게 마련이다. 그러니까 경기 내용이나 정정당당한 승부에는 관심이 없고 그저 무조건 승리하기만을 바라는 구단 책임자가 생기는 것이다.

우리나라엔 수만 명에 달하는 자칭 '붉은 악마들'을 비롯하여 국가대표팀의 경기 때면 서로가 감독인 것처럼 설쳐대는 '축구를 사랑하는' 사람들이 그렇게도 많은데 한 나라 축구의 최고의 무대인 프로축구 경기에 관중이 없는 것을 어떻게 설명할 수 있을까. 축구인들은 "말로만 축구를 사랑한다고 하지 말고 제발 경기장을 찾아달라"고 호소한다. 그러나 축구 팬들의 입장은 간단하다. 축구경기가 재미가 있으면 가고 재미없으면 안 가는 것이다. 재미있는 경기는 무엇인가. 물론 흥미진진하고 박진감 넘치는 경기다. 그렇지만 무조건 골이 많이 나는 경기가 재미있는 것은 아니다. 오히려 지나치게 골이 많이 나오면 축구경기가 아니라 무슨 농구경기 같으니까 재미가 훨씬 떨어질 수도 있다. 진짜 골수 축구 팬들은 '골 수' 보다는 수준 높은 플레이에 열광하며 단순히 이기고 지는 것보다는 훌륭한 선수들이 혼신의 힘을 다하여 연출하는 감동적인 드라마에 넋을 빼앗기는 것이다.

  그런데 우리나라 프로축구는 그게 아니었다. 선수들은 승리만을 강조하는 구단 책임자와 거기에 동조하는 감독 밑에서 동업자끼리 비열한 '까기' 경쟁만 벌이니까 절묘한 개인기를 바탕으로 하는 기술축구는 자리잡을 터전이 없다. 아름답고 멋진 돌파 기술을 개발하기보다는 심판 몰래 반칙하는 기술만 늘어나는 프로축구 경기가 재미있을 까닭이 없다. 게다가 심판들의 수준이 기준 미달이라서 선수들의 교활한 반칙을 잡아내지 못하니까 심판판정에 대한 불신의 벽만 높아지고, 거의 매 경기 사사건건 양 팀 벤치와 심판이 충돌하는 장면만 반복되어 관중들이 프로축구 경기를 점점 외면하게 된 것이다. 설상가상으로 건전한 축구 팬들이 격투기로 변한 프로축구 경기를 외면하는 동안 프랑스 월드컵대회에서 나쁜 점만 보고 배웠는지 '한국판 훌리건'까지 등장하여 그 자리를 대신했으니 가족과 함께, 또는 연인과 함께 축구장을 찾는 것은 불가능해졌다. 도대체 무슨 사고가 날지 모르는데 어떤 정신 나간 사람이 재미도 없는 축구경기를 보려고 목숨을 걸고 경기장을 찾겠는가.

이렇게 문제가 간단한 만큼 해결책도 사실 간단했다. 대한축구협회는 프로축구연맹을 흡수하고 강력한 개혁정책을 펼쳤다. 심판들에게는 체계적이고 철저한 교육과 유럽연수를 통해 판정의 질을 신뢰할 수 있는 수준으로 끌어올렸고, 또 심판들에 대한 처우를 대폭적으로 개선하여 심판 매수 등 부정이 끼어들 소지를 원천적으로 봉쇄했다. 그리고 매 경기가 끝난 후에는 비디오를 통하여 비열한 반칙이 발생했었는지 여부를 검토하고, 만일 적발되면 해당 선수와 구단에 대해 엄격한 제재와 함께 많은 액수의 벌금을 부과했다. 2000년 초에 겨우 다섯 팀만 남아 고사(枯死) 위기에 빠졌던 프로축구단 관계자들 역시 우리나라 프로축구가 살 길은 흥미진진한 경기를 보여주는 길밖에 없다는 결론을 내렸다. 쓸데없이 치어리더를 동원하여 시끄럽게 흔들어대봐야 짧은 치마 속을 궁금해하는 정신 나간 놈들의 숫자가 얼마 되지 않는다는 것을 확인한 이상 그런 사이비 이벤트로 축구 팬들을 끌어모으기보다는 재미있고 수준 높은 경기를 통해서 정면으로 승부해야 한다는 공감대가 형성된 것이다.

프로축구 구단주들도 어려운 시대일수록 미래를 위한 현명한 투자는 아끼지 말아야 한다는 데 의견을 모으고, 우선 각 팀마다 국제 규격의 축구전용구장을 확보하여 축구 팬들이 편안하게 축구를 즐길 수 있는 분위기를 조성하기로 결의했다. 모든 축구장엔 주류 반입을 철저히 금지하는 한편 어린이를 동반한 가족들을 위한 특별 섹션을 따로 만들어 가족들이 소풍 삼아 경기장을 찾아올 수 있도록 했다. 이렇게 프로축구가 정상적인 모습을 찾아가자 축구 팬들이 돌아오기 시작했다. 마침 2002년 월드컵 개최와 맞물려 축구전용구장의 건설이 활발해졌고, 프로축구단도 다시 열 팀으로 늘어났다. 강축구씨는 적어도 한 달에 두 번씩은 프로축구 경기를 보러 간다. 요즘 강축구씨의 희망은 앞으로 우리나라에도 프로축구단이 서른 팀쯤 생겨서 1부 리그와 2부 리그로 나뉘어서 치열한 접전을 벌이는 것을 보는 것이다.

'개혁 4인방'의 과감한 개혁작업은 먼 장래를 내다보는 것이었지만 그래도 프로축구 활성화의 결실은 비교적 빨리 가시권에 들어왔다. 지도자들은 진지한 자세로 축구선진국들의 최신 전술과 한국 고유 모델을 접목시키는 데 열정을 쏟았고, 그만큼 선수들의 경기운영 능력은 향상되었다. 유소년 축구와 청소년 축구 및 성인 축구가 서로 유기적인 관계를 맺으며 발전하는 모습 속에 한국 축구의 미래에 대한 희망이 보였다. 이제 우리도 20년 정도의 세월이 흐르면 세계를 향하여 "이것이 바로 한국 축구다!"라고 당당히 외칠 수 있을 것이다.

그러나 문제는 바로 코앞으로 닥친 2002년 월드컵이었다. 2002년 월드컵은 정말 아슬아슬하게 치러졌다. 2000년이 끝나가도록 IMF의 길고 고통스러운 터널에서 벗어나지 못한 우리 경제의 어려움 때문이었다. 무슨 이유인지 일부 '경제 전문가'라는 사람들은 틈만 나면 월드컵 축구경기장 건설이 아까운 자원의 낭비라며 월드컵대회 반납을 주장했다. 또한 개최 도시의 수를 줄이고 경기장의 규모도 축소해야 한다는 주장을 되풀이했다. 어떤 '수리경제 전문가'는 월드컵을 치르면 경기장당 6.4경기가 열려야 수지를 맞출 수 있는데 2002년 대회는 반쪽 대회이므로 경기장당 3.2경기밖에 치르지 못하니까 적자라는 것이다. 아니, 축구장이 월드컵이 끝나자마자 금방 없어지는 것도 아닌데 어째서 3.2경기만 치르고 만다는 것인지, 또 6.4경기만 치르면 수지가 맞는 장사라면서 그걸 왜 짓지 말라는 것인지 강축구씨는 도무지 이해할 수가 없었다.

    강축구씨는 월드컵을 개최하면 엄청난 경제효과가 있다는 KDI의 장밋빛 발표도 그대로 믿을 수 없었지만 월드컵 때문에 나라가 망할 것처럼 떠들어대는 것은 더욱 믿을 수 없었다. 그저 상식적으로 생각해봐도 모두가 힘을 합쳐서 대회도 성공적으로 치르고 경제적인 효과도 극대화시킬 수 있는 현명한 방법을 찾아낼 수 있다면 2002년 월드컵은 우리나라가 축구 뿐만 아니라 여러 분야에서 몇 단계 도약할 수 있는 기회가 될 것이다. 반면에 대회 준비는 지지부진한 채로 이왕 열기로 한 월드컵을 막판까지 개최해야 할지 말아야 할지를 고민한다면 분명히 월드컵은 실패로 끝날 것이고 우리 경제 역시 크게 휘청거릴 것이다. 결국 다 우리가 하기 나름이 아닌가. 다행히 국민

여론은 국제신인도 회복을 위해서도, 경기회복과 실업문제 해결을 위해서도 월드컵 경기장을 지어야 한다는 쪽으로 모아져 여러 가지 우여곡절은 겪었지만 월드컵 개최를 위한 하드웨어의 준비는 그런대로 진행되고 있었다.

문제는 축구 실력이었다. 이제는 축구인들이 힘을 모아 장기발전계획 아래 열정적으로 노력을 쏟아붓고 있지만 당장 코앞으로 닥친 월드컵대회를 앞두고 우리 대표선수들의 개인 기량이 단시간에 눈부시게 향상될 수 있는 것이 아니어서 개최국으로서 망신을 당할 가능성이 컸기 때문이다.

다행히 개최국으로서 예선전은 치르지 않아도 됐던 한국은 2000년 말 대표팀을 구성하고 2001년 1년 동안 유럽, 남미, 아프리카의 24개국과 A매치 평가전을 갖는 월드투어를 계획했다. 월드컵 대표팀의 사령탑은 허정무 감독과 김주성 코치 체재로 결정되어 축구 팬들에겐 '환상의 콤비'의 탄생으로 받아들여졌다. 대표선수들 역시 김병지, 서동명, 홍명보, 하석주, 서정원, 신태용 등 노련미가 넘치는 선수들과 최용수, 김도훈, 이상헌, 이임생, 강철, 윤정환, 고종수, 최성용 등 중견 그룹, 그리고 이동국, 양현정, 박병주, 이관우, 김도균 등 패기 넘치는 신예들이 절묘한 조화를 이루어 이번에는 무언가 일을 저지를지도 모른다는 기대를 갖게 했다. 특히 1998년 프랑스 월드컵 직전에 불의의 부상을 입었다가 선수생명을 건 끈질긴 치료 끝에 비로소 재기에 성공한 황선홍이 2002년 월드컵 개막 석 달을 앞두고 대표팀에 합류, 대표팀의 사기는 하늘을 찌를 듯했다.

강축구씨는 지금도 2002년 월드컵만 생각하면 가슴이 뭉클해진다. 우리나라가 월드컵 본선 1승을 거두었을 뿐 아니라 16강 진출이라는 기적을 이루어냈기 때문이다. 사실 대진운은 나쁜 편이었다. 아직도 프랑스 월드컵에서의 참패가 기억에 생생한 네덜란드와 유럽의 최강자를 다투는 유고, 그리고 남미의 새로운 물결 칠레와 함께 한 조에 편성되었기 때문이다. 첫 경기는 유고와 갖게 되었다. 우리 대표팀은 힘과 스피드를 앞세운 유고의 스타일에 선제골을 허용하며 고전했지만 '돌아온 황새' 황선홍이 후반 중반 멋진 헤딩 동점골을 터뜨려 가까스로 1대 1로 비기는 데 성공했다. 2차전은 악몽 같은 '오렌지 군단' 네덜란드였다. 이 경기는 2002년 월드컵 예선 경기 중 최고의 명승부로 꼽힐 만큼 불꽃 튀는 경기였다. 어느덧 세계 최고의 공격수로 떠오른 오베르마스는 아직도 날카로운 골감각을 자랑하는 베르캄프*와 함께 한국 문전을 폭격하기 시작했다. 이제 막 물이 오른 세도로프와 클루이베르트가 가세하니 네덜란드의 공격력은 1998년 프랑스 월드컵 당시보다도 막강해 보였다. 전반 중반까지 그런대로 선방하던 우리 수비진은 전반 종료 10분을 남기고 베르캄프와 오베르마스에게 연속골을 허용, 1998년 프랑스 월드컵의 악몽이 재연되는 것 같았다. 그러나 후반전이 시작되자 우리 선수들은 어디서 새로운 힘을 얻었는지 펄펄 날기 시작했다. 후반 10분

---

* 그런데 네덜란드는 2002년 월드컵 유럽 예선에서 탈락하여 한일 월드컵에 출전하지 못했다. 베르캄프는 고소공포증으로 비행기를 탈 수 없기 때문에 어차피 한국이나 일본에는 오지 못했을 것이다.

이 지날 무렵 최용수가 황선홍과 멋진 콤비 플레이로 한 골을 만회하더니 5분 후엔 신태용이 김도균의 그림 같은 스루패스를 받아 문전 침투에 성공, 골키퍼마저 따돌리며 동점골을 성공시켜 경기는 다시 원점으로 돌아갔다. 이번에는 잠시 방심했다가 순식간에 동점을 허용한 네덜란드가, 클루이베르트의 결정적인 슈팅이 김병지의 선방에 걸린 것을 시작으로 맹반격을 시작했다. 풍차처럼 돌아가는 오렌지 군단의 공격을 혼신의 힘을 다하여 막아내던 우리 대표팀은 결국 오베르마스에게 왼쪽 돌파를 허용, 한 골을 더 내주고 말았다. 승부를 가름하는 결승점 같았다. 그러나 우리 선수들은 포기하지 않았다. 체력이 떨어진 황선홍과 최용수를 이동국과 이관우로 교체한 우리 대표팀은 기어이 경기 종료 직전, 홍명보-김도균-서정원으로 이어진 측면 센터링을 이동국이 몸을 날리며 다이빙 헤딩슛을 성공시켜 극적인 동점을 이끌어내고 경기를 끝마쳤다. 프랑스 월드컵 때 "어떻게 저린 팀이 아시아 지역예선을 통과했는지 모르겠다"며 비아냥거렸던 요한 크루이프도 한국팀의 투혼과 집중력에 찬사를 보냈고, 외국의 축구전문기자들 역시 아시아 축구의 새로운 가능성이 엿보인다며 흥분했다.

그러나 아직도 월드컵 본선 1승이란 우리 축구의 여망은 이루어지지 않고 있었다. 게다가 예선 마지막 상대는 네덜란드에겐 졌지만 유고를 꺾으며 파란을 불러일으킨 남미의 새로운 돌풍 칠레였다. 한국은 최용수와 이동국을 투톱으로 기용하고 고종수, 김도균, 윤정환, 서정원으로 미드필드진을, 홍명보, 이상헌, 이임생, 강철로 수비진을 구성한 4-4-2 시스템으로 칠레에 맞섰다. 칠레는 살라스와 사모라노의 투톱이 여전히 위력적이었지만 유고, 네덜란드 전을 거치면서 자신감을 얻은 한국 수비진은 철저한 밀착마크와 짜임새 있는 커버 플레이로 칠레의 공격을 무력화시키고 최용수, 이동국의 연속 골로 전반전을 2대 0으로 마쳤다. 후반 초반 칠레의 강공에 어려움을 겪기도 했지만, 후반 중반 최용수의 헤딩슛이 흘러나온 것을 강철이 번개처럼 달려들며 강력한 중거리 슛을 터뜨려 한국팀은 칠레에 3대 0의 완승을 거두고 월드컵 첫승과 16강 진출이라는 염원을 단번에 이루게 되었다. 강축구씨는 특히 강철이 마지막 골을 터뜨린 장면이 감동적이다. 1991년 세계청소년대회에 남북한 단일팀 멤버로 참가했던 강철은 한국 축구의 기둥으로 장래가 촉망되었으나 거듭되는 부상으로 대표팀에서 여러 번 탈락, 기량이 향상될 기회를 놓친 채 그저 그런 프로축구 선수로 시들어가고 있었다. 그런 그에게 전기가 마련된 것은 그를 좋아하는 팬클럽이 생겨서 아직도 자신을 기억하며 자신에게 기대를 거는 축구 팬들이 많다는 것을 깨달은 지난 1998년 가을이었다. 그는 아직도 많이 남아 있는 젊음을 불태울 결심을 했다. 니폼니시 감독의 지도는 한동안 성장을 멈췄던 그의 잠재력을 한껏 꽃피울 수 있는 토양이 됐다. 마침 우리 대표팀의 부동의 레프트 윙백 하석주의 뒤를 이을 선수가 필요하다는 것도 자극 요인이 되었다. 하석주 선배만 빼고는 자신이 더 잘할 수 있다는 믿음이 있었기 때문이다. 칠레와의 대전에서 세번째 골을 터뜨린 강철은 눈물을 흘리며 그라운드를 질주했다. 강축구씨도 관중석에서 그의 모습을 보며 같이 눈물을 흘렸다. 강축구씨도 강철 팬클럽의 일원이었던 것이다.

16강전에서 브라질을 만난 것은 불운이었다. 그 경기에서 우리 선수들은 정말 잘 싸웠다. 전반전을 무실점으로 막은 뒤 후반전엔 고종수가 기습적인 중거리 슛으로 선제골을 기록하는 등 선전했지만 종료 직전에 호나우도에게 동점골을 허용하고, 연장전까지 치르는 격전 끝에 승부차기에서 끝내 무릎을 꿇고 말았다. 강축구씨는 아직도 그 장면이 가슴 아프다. 경기중에 선제골을 기록했던 고종수가 승부차기에서 골포스트를 맞히는 바람에 아깝게 물러선 것이 아쉽기도 했지만, 매사에 거칠 것 없어 보이던 고종수가 망연자실 서 있던 모습이 안타까웠던 것이다.

이렇게 2002년 월드컵대회가 아쉬움과 기대를 남긴 채 끝난 뒤 우리 축구는 완전히 활기를 되찾았다. 프로축구 경기는 물론 중·고교 또는 대학축구리그 경기에도 수많은 관중이 몰리고 경기 내용과 수준 또한 빠른 속도로 향상되었다. 그리고 국제 교류도 한층 더 활성화되었다. 강축구씨는 내일 일정을 생각하며 빙그레 웃음짓는다. 내일부터 서울 상암동 경기장과 인천 문학경기장에서 제1회 아시아-아프리카 축구선수권대회가 시작되기 때문이다. 2002년 월드컵이 끝난 뒤 아시아-아프리카 국가대표들은 긴급 모임을 갖고 아시아-아프리카 국가들의 경기력 향상과 권리 확보를 위해서는 두 대륙간의 교류 확대가 시급하다는 데 의견을 모았다. 그러한 교류확대 방안의 하나로 올림픽과 월드컵이 없는 해에 격년제로 아시아-아프리카 축구선수권대회를 벌이게 된 것이다. 참가국은 각 대륙에서 네 개 팀씩 총 여덟 개 팀이 출전하여 두 개 조로 나누어 예선리그를 벌이고 상위 2개 팀이 크로스 토너먼트를 벌여 우승팀을 가리는 것으로 결정했다. 올해는 아프리카에서는 나이지리아, 카메룬, 모로코, 가나가, 아시아에서는 한국, 일본, 중국, 이란이 참가했다. 아프리카 지역은 비교적 전력이 평준화되어 모두가 강팀이다. 아시아 지역에선 한때 오일 달러로 아시아 무대를 휩쓸던 사우디, 쿠웨이트 등의 중동세가 상대적으로 주춤한 반면 무한한 인적 자원을 바탕으로 한 중국 축구의 성장이 눈부시다. 강축구씨는 내일부터 딸 하라의 손을 잡고 중요 경기는 모두 관람할 예정이다. 문제는 모든 경기가 다 중요 경기처럼 보이는 데 있지만……

강축구씨가 하라가 몸을 풀고 있는 초등학교 운동장에 들어서자 벌써부터 딸아이를 따라다니는 5학년 녀석이 꾸벅 인사를 한다. 그 녀석은 공부는 잘하지만 축구는 잘 못한다. 강축구씨는 겉으로는 상냥한 체 인사를 받았지만 운동 가방에서 축구화를 꺼내어 털며 굳게 다짐한다.

"요놈아, 네녀석이 아무리 그래봐라. 축구도 제대로 못하는 놈한텐 내 딸은 절대로 못 준다."

(1998)

한국 축구, 위기의 본질은 무엇인가?

1. 한국 축구는 위기인가?

한국 축구가 위기라고 한다. 시드니 올림픽과 아시안 컵에서의 잇단 졸전과 부진으로 한국 축구가 총체적 위기에 빠졌다는 것이다. '위기'란 '위험한 때나 고비'를 뜻한다고 국어사전에 나와 있다. 그러니까 지금 우리나라 축구가 아주 위험한 지경에 이르렀다는 뜻인데 나는 '보지 않고도 믿는 것'과는 거리가 먼, 심지어는 '눈으로 보고서도 잘 믿지 않는' 수학자이므로 우리 축구가 어디가 어떻게 위험하다는 것인지 같이 따져봐야 할 필요를 느낀다.

시드니 올림픽 첫 경기에서 우리 올림픽 대표팀은 스페인과 맞붙어 말 그대로 '졸전' 끝에 3대 0으로 완패했다. 경기 시작 30분 동안 온갖 촌티를 줄줄 흘리며 정신없이 우왕좌왕하다가 잇달아 세 골을 허용하고 무너졌던 것이다. 그렇지만 그뒤에는 전열을 정비하여 모로코를 1대 0으로 눌렀고, 칠레와의 마지막 경기에서는 이천수의 퇴장으로 전반 중반부터 열 명이 싸우는 불리함 속에서도 투혼을 발휘하여 1대 0으로 승리, 2승 1패의 성적을 거두었다. 물론 8강 진출에는 실패했다. 네 팀 중 상위 두 팀이 8강 토너먼트에 진출하는데 하필이면 한국, 스페인, 칠레 세 팀이 2승 1패 동률이 되는 바람에 골득실차에서 밀려버린 것이다. 스페인과의 첫 경기가 두고두고 아쉬운 상황이었다.

그런데 이 성적을 가지고 '부진'이라고 하면 나는 조금 의아해진다. 그 동안 우리 축구가 올림픽 무대에서 거둔 성적을 살펴보자. 우리나라는 1948년 런던 올림픽에 처음 출전하여 멕시코를 5대 3으로 격파하고 첫 승리를 올렸다. 그리고 그 다음에 승리한 것이 1996년 아틀랜타 올림픽에서 가나를 1대 0으로 이긴 것이었다. 무려 48년을 기다린 것이다. 그런데 이번 대회에서는 2승이나 거두었다. 지난 48년 동안 거둔 성적을 단 번에 거둔 셈이다. 그런데 어째서 '부진'인가?

결과만 놓고 볼 때는 그렇지만 경기 내용이 신통치 못했다고 반박한다면 그 동안에는 시드니 올림픽의 경기 내용을 '부진'이라고 표현할 만큼 훌륭한 경기를 펼쳤느냐고 반문하고 싶다. 우리나라는 런던 올림픽에서 스웨덴에 12대 0으로 진 적이 있고, 도쿄 올림픽에서는 이집트에 10대 0으로 진 적도 있다. 이건 사치스럽게 '경기 내용'을 논할 수준이 아니었다. 도쿄 올림픽 이후 우리나라가 '자력으로' 올림픽에 출전하기 시작한 것은 1992년 바르셀로나 올림픽 때부터였다. 그때 3무승부, 아틀랜타 올림픽에서 1승 1무 1패, 그리고 시드니 올림픽에서 2승 1패. 이만하면 차츰 성적이 나아지는 유망한 학생 아닌가? 경기 내용 역시 그때라고 지금보다 썩 훌륭했던 것도 아니다. 그리고 시드니 올림픽에서 우리를 밀어내고 8강에 올랐던 스페인과 칠레는 각각 은메달과 동메달을 차지했다. 이 정도면 우리나라가 '부진' 한 것이 아니라 '불운' 했었다고 표현해도 되지 않을까?

아시안 컵도 마찬가지다. 우리나라가 아시안 컵에서 우승한 것은 1956년과 1960년이다. 호랑이가 담배 피우던 시절 얘기다(내가 태어나기도 전 얘기니까). 그뒤로는 1980년 쿠웨이트대회 때와 1988년 카타르대회에서 준우승을 차지한 것이 가장 좋은 성적이다. 지난 1996년 아랍 에미레이트대회 때는 다들 기억하는 것처럼 이란에 6대 2로 대패하여 8강전에서 탈락했다. 1992년 아시안컵대회의 성적은? 놀라지 마시라. 우리나라는 지역 예선전에 대표 2진을 출전시켰다가 태국에게 덜미를 잡혀 본선대회에는 나가보지도 못했다. 그러니까 이번 레비논 아시안컵에서 3위를 차지한 것은 '최근 들어' 가장 좋은 성적이다. 또 이번 대회를 되돌아봐도 쿠웨이트엔 이길 수 있는 경기를 '졸전' 끝에 졌고, 이란에는 질 뻔한 경기를 재수 좋게 이겼으며 사우디아라비아엔 이길 수도 질 수도 있는 경기를 졌다. 따라서 3등이면 우리나라 실력만큼 한 것이다. 아니, 지금 우리 축구가 처해 있는 현실을 냉정하게 바라볼 때 아시아에서 3등이면 '무지무지' 잘한 것이다. 그런데 왜 한국 축구가 위기라고 하는가?

2. 한국 축구의 상대성 원리

우리나라 사람들이 요즘 들어 한국 축구가 위기에 빠졌다고 느끼는 것은 모두 일본 때문이다. 지난 20여 년 동안 사우디아라비아, 쿠웨이트 등 중동의 산유국들이 남미와 유럽의 명감독들을 오일 달러로 모셔와 축구에 집중 투자할 때도 우리 축구 팬들은 위기라고 생각하지 않았다. 그런데 바로 옆의 일본이 아주 잘하기 시작하니까 갑자기 위기감을 느끼는 것이다. 일본이 어떤 나라인가. 우리에겐 자존심과 열등감의 알파요 오메가가 아닌가.

역설적으로 우리 축구가 위기에서 헤어나오지 못하고 있는 것도 일본 때문이다. 일본은 그 동안 "脫아시아"를 외치며 세계 무대를 두드려왔다. 그 첫번째 결실이 1968년 멕시코 올림픽에서 명장 크라머 감독의 지휘 아래 동메달을 따낸 것이다. 그때 일본 최고의 스트라이커 가마모토는 득점왕이 되었다. 그런데 어찌된 영문인지 그 가마모토가 뛸 때에도 일본이 우리나라를 이긴 적은 거의 없다. 그때 우리나라엔 이회택, 박이천, 김호, 김정남, 이세연 등 지금 다시 이름을 불러봐도 가슴이 뛰는 아시아 최고의 스타들이 즐비했다. 그렇다고 해서 세계 수준과의 거리가 지금보다 가까웠던 건 아니다. 오히려 지금보다 더 뒤처져 있었을 것이다. 그러나 다른 사정이야 어찌됐든 우리나라는 일본보다는 잘했던 것이다.

그뒤 일본 축구는 약 20년 동안 침체해 있었다. 반면에 한국 축구는 1983년 박종환 감독이 이끄는 청소년 대표팀이 '멕시코 4강 신화'를 일구어내면서 전 국민을 열광의 도가니로 몰아넣었다(그때부터 우리 국민들은 '몇강'이 아니면 성적으로 치지 않는 터무니없는 습성이 생겨났을까?). 그리고 프로축구가 생겨났다. 자질 면에서는 뛰어난 우리 선수들이 이젠 생계를 걱정하지 않고 운동에만 전념할 수 있다는 꿈을 갖게 된 것이다. 1986년 멕시코 월드컵과 1990년 이탈리아 월드컵 출전권을 연거푸 따내면서 한국 축구는 전성기를 구가하는 것처럼 보였다. 그런데 갑자기 위기가 찾아왔다. 1993년 카타르에서 열린 미국 월드컵 예선전에서 일본의 미우라에게 일격을 당해 1대 0으로 지고 만 것이다. 충격적인 것은 그때 경기 내용 면에서도 일방적으로 밀렸다는 사실이었다.

그 동안 일본은 축구 발전을 위한 장기계획을 세우고 유소년 축구 육성, 유망 선수 축구 선진국 유학, 우수 선수 해외진출, J리그 출범 및 월드컵 유치 등을 치밀하게 준비해왔다. 한국 축구인들이 염불처럼 외는 천연잔디구장은 도처에 깔려 있다. 1994년 J리그가 출범한 뒤에 일본의 경기력은 무서운 속도로 발전했다. 우리나라가 일본에게 경기 내용에서 밀리기 시작한 것은 어제 오늘의 일이 아니다. 대표팀 레벨에서도 청소년팀 레벨에서도 우리나라는 선수 개개인의 기량, 벤치의 전략 및 전술, 실전에서의 경기운영 등 모든 면에서 현저하게 밀리고 있다. 레바논 아시안컵 우승을 계기로 일본 축구는 그야말로 "脫아시아"의 야망을 이룬 것처럼 보인다.

그런데 이상하게도 일본 선수들은 한국만 만나면 제 기량을 발휘하지 못했고, 우리 선수들은 '한민족 전체의 과거와 미래를 걸머진' 사명감과 투혼, 그리고 '하느님의 보우하심'으로 여러 차례 결정적인 고비에서 일본을 이길 수 있었다. 만일 레바논 아시안컵에서도 우리가 사우디를 꺾고 결승에 올라갔으면 또다시 일본을 꺾고 우승했을지도 모른다. 불행인지 다행인지 우리나라는 3위에 그쳤고 일본은 우승을 차지했다. 그리고 우리 국민들은 '일본이 우리보다 잘 했으므로' 한국 축구가 위기에 빠져 있다고 느끼고 있다. 이것이 바로 '한국 축구의 상대성 원리'이며 현재 한국 축구에 대한 여러 가지 위기설이 난무하는 이유이기도 하다.

3. 2002년 월드컵이 끝난 뒤에도 축구는 존재한다

그러나 정작 한국 축구의 가장 큰 위기는 모든 위기설의 초점이 2002년 월드컵 성적에만 맞추어져 있다는 데 있다. 사실 이제 와서 별짓을 다 해봐야 2002년 월드컵까지 한국 축구 전체의 수준을 세계적인 수준으로 끌어올리는 것은 불가능하다. 그러나 '2002년 월드컵 16강 진출'이 한국 축구의 유일무이한 목표라면 그건 지금 남은 시간으로도 충분히 가능하다. 당장 국내외를 막론하고 한국 출신으로 최고의 기량과 재능을 지닌 선수 40명을 뽑아 충분한 경제적 보상(2년간 10억원 정도면 될까?)을 보장한 후 '공포의 외인구단'처럼 '지옥 훈련'을 시키는 것이다. 물론 월드컵 때까지 대표팀이 일사분란한 조직력을 갖추어야 하니까 국내 프로축구야 죽거나 말거나 국내 경기 출장은 일절 금지시켜야 한다. 오로지 해외 전지훈련과 국가대표팀간의 A매치를 거듭 반복하여 '축구 기계'를 만들면 된다. 그렇게 하면 월드컵 우승은 몰라도 16강 진출은 얼마든지 가능하다. 실제로 몇몇 외국 감독들은 8강 진출도 가능하다고 떠들고 있지 않은가(물론 우리 축구 '풍토'를 모르고 하는 얘기겠지만). 그렇지만 그게 어디 사람이 할 짓인가. 그리고 그게 우리가 진정으로 원하는 축구 발전인가. 2002년 월드컵에서 우리나라가 16강에 진출하면 한국 축구는 위기에서 탈출하는가.

굳이 일본과 비교하지 않더라도 한국 축구에 문제가 많다는 것은 축구를 사랑하는 사람은 누구나 알고 있었다. 그리고 그에 대한 대책 또한 누구나 줄줄 욀 정도로 진부한 얘기들이다.

"유소년 축구 육성, 충분한 천연잔디구장 확보, 정정당당한 경기문화확립, '생각하는 축구'를 통한 경기력 향상, 연령별 지역별 리그제 도입, 대한축구협회 행정 쇄신, 프로축구 활성화, 우수 지도자 및 심판 양성을 위한 교육과정 개설, 학원 축구 개혁……"

문제는 이런 '희망사항'을 어떻게 '실천사항'으로 바꾸는가 하는 것이다. 특히 '학원 축구의 개혁'과 '정정당당한 경기문화 확립'은 당장 해결해야 하는 문제다. 한 시대를 풍미하며 수많은 축구 팬들에게 멋진 감동을 선사해주던 뛰어난 축구인들이 대학입시 비리에 연루되어 별로 더 깨끗할 것도 없으며 심지어는 '축구도 잘 못하는' 사람들에게 이리저리 끌려다니는 모습을 지켜보는 것은 정말 고통스러운 일이었다. 1999년 한국 프로축구 챔피언 결정전의 승부가 비열한 핸들링 골든골로 결정된 것도 도저히 용납할 수가 없다. 정정당당한 승부에 대한 믿음이 없는 축구판을 누가 애정 어린 눈길로 쳐다보겠는가(그때 샤샤는 분명히 고의로 볼을 손으로 쳐넣었으며 심판을 한 번 쳐다본 후 골 세리머니를 했었다). 따지고 보면 우리 사회처럼 각 분야의 전문가들이 제대로 인정받지 못하고 어디서 이상하게 굴러먹다 온 인간들이 온갖 정치적, 경제적 권력을 장악하고 설치는 나라에서 축구판만은 신성하길 바라는 것 자체가 우스운 일일 것이다.

 한 가지 지적하고 싶은 것은 방송매체의 발달로 우리나라 축구 팬들이 안방에 앉아서도 유럽과 남미의 선진축구를 감상할 수 있게 된 지금 우리 축구가 처한 현실은 돌아보지도 않으면서 터무니없이 보는 눈만 높아져서 대표선수들에게 세계 수준의 경기력을 요구하는 것은 부당하다는 것이다. "한국 축구가 왜 이 지경이냐?"고 묻는 당신은 당신이 속한 분야의 모습을 한번 돌아보라. 한국 정치는 왜 이 꼴인지, 한국 경제는 왜 이렇게 헷갈리는지, 한국 과학계는 왜 이 모양인지, 한국 금융계는 왜 그렇게 절망적인지, 한국 언론은 왜 그렇게 천박한지…… 이런 상황에서 한국 축구만 우리들의 모습과 다르기를 기대하는 건 너무 뻔뻔스럽지 않은가. 한국 축구 위기의 본질은 스스로의 모습을 냉철하게 돌아보지 못하고 실상과 환상 사이의 머나먼 거리를 헤매고 있는 우리 사회의 슬픈 자화상인 것이다.

 2002년 월드컵이 끝난 뒤에도 축구는 존재한다. 내가 한국 축구에 바라는 것은 훌리건들처럼 인생의 절망을 폭력으로 대치시키는 흥분제도 아니고 아프리카에서처럼 가난과 기아에서 탈출할 수 있는 비상구도 아니다. 한국 축구가 날마다 일본을 이겨주지 않아도 좋고, 2002년 월드컵에서 16강에 오르지 못해도 좋다. 그저 정정당당하고 흥미진진한 경기를 가족과 친구들과 연인들이 상쾌한 마음으로 즐길 수 있는 그런 '폼 나는' 축구문화를 가지고 싶을 뿐이다.

(2000)

* 우리나라는 2002년 한일 월드컵에서 예상을 뒤엎고 세계 4강에 오르는 기적을 이루었다. 그러나 그뒤에도 물론 축구는 존재했으며 '폼 나는' 축구문화에 대한 나의 바람은 아직도 미완성이다.

히딩크와 함께한 1년

1. '축구의 신' 히딩크

지난해 말 우리 축구는 여러 가지 위기설에 빠져 있었다. 시드니 올림픽에서 부진한 성적을 거두었고 아시안 컵에서는 3위에 머물렀기 때문이었다(솔직히 나는 시드니 올림픽에서 2승 1패를 거둔 성적을 '부진'이라고 하고 아시아에서 3등한 것에 대해 '머물렀다'는 표현을 쓰는 우리 사회의 '겁대가리 없음'이 오히려 더 심각한 위기라고 생각한다). 그때 한국 축구를 위기에서 구원해줄 메시아로 등장한 것이 바로 네덜란드 출신의 명장 거스 히딩크였다.

그러나 나는 그런 메시아가 존재한다는 것을 믿을 수가 없었다. 한국 축구가 위기인 것은 유소년 축구, 학원 축구, 지도자 문제, 심판 문제, 열악한 축구 인프라 구조 등 여러 가지 문제가 종합적으로 표출되어 나타난 것인데 히딩크가 무슨 '축구의 신'도 아니고 어떻게 이 모든 문제를 1년 반 만에 해결할 수 있다는 말인가? 차라리 '2002년 월드컵 16강'에 목숨을 걸지 말고 최소한 다음 월드컵까지 내다보는 장기적인 포석으로 받아들이는 것이 낫지 않을까? 나는 적어도 나처럼 건전한 상식을 지닌 보통 사람이라면 누구나 다 그렇게 생각할 줄 알았다.

그런데 그게 아니었다. 히딩크는 한국에 도착하자마자 그야말로 '축구의 신'처럼 떠받들어졌고, 그가 처음에 시도한 4-4-2 전형은 최첨단 선진축구의 대명사이자 우리 축구를 구원해줄 키워드가 되었다. 그때 어느 스포츠신문에서는 일본은 이미 초등학교부터 J리그에 이르기까지 모든 축구팀이 4-4-2 전형을 쓴다면서 이게 바로 일본 축구가 '脫 아시아'의 염원을 이루고 세계 진출에 성공한 비결이라고 단언했다. 어떻게 이런 얘기가 언론에 버젓이 올라올 수 있는 걸까? 우선 일본의 모든 팀이 4-4-2 전형을 쓰는 것이 아니라는 것은 금방 알 수 있는 사실이다. 또 4-4-2 전형은 굳이 우리나라 프로팀들을 들먹일 것도 없이 내가 서울대학교에서 지도하는 자연대 축구부의 기본 전형이기도 하다(이건 히딩크가 우리나라에 오기 훨씬 전부터 그랬다). 기본 전형이란 팀마다 감독의 기호와 선수구성에 따라 달라지기도 하고, 상대팀의 전술에 따라 바꾸기도 하며, 경기 중에도 경기 흐름에 따라 얼마든지 달라질 수 있는 것이다. 그런데 어떻게 4-4-2만 쓰면 선진축구가 된다는 단순 무식한 생각을 할 수 있는 걸까? '히딩크와 4-4-2'가 우리 축구를 구원해줄 새로운 패러다임이며 키워드인 것처럼 난리를 치는 언론을 보고 있으려니 한때 유행하던 연속극 〈아줌마〉의 '장진구'가 저절로 떠올랐다. 소위 새로운 패러다임의 내용이 무엇인지, 키워드는 그 내용에서 왜 핵심적인 역할을 하는지는 모르면서 그저 '패러다임'과 '키워드'라는 그럴듯한 단어를 구사하는 데에만 혈안이 돼 있는 우리 사회의 수많은 '장진구형 지식인'들 말이다.

또한 일부에서는 히딩크가 오면서 우리나라에 비로소 '생각하는 축구' '창의적인 축구'가 도입된 것처럼 호들갑을 떨었지만 이건 초등학교 시절 축구부에서 '삐꾸'였던 나도 선생님께 매일 듣던 얘기다. 세상의 어느 감독이 '생각하지 않는 축구' '창의력이 없는 축구'를 지향할 것인가? 결국은 어느 수준의 생각을, 어떤 모습의 창의력을 실제 경기에서 구체화하느냐 하는 실천의 문제인 것이다.

'히딩크 숭배 증후군'의 압권은 『히딩크 리더십』이라는 책이 발간된 것이었다. 이 책이 나왔을 때 나는 이분들은 언제 이렇게 깊은 연구를 했을까 감탄할 준비가 되어 있었다. 히딩크는 네덜란드 대표팀은 물론 스페인의 레알 마드리드 감독을 지낸 그야말로 세계적인 명장이다. 그렇지만 나는 펠레나 크루이프에 대해서도 우리나라 사람이 지은 책을 본 적이 없다. 그런데 상대적으로 덜 알려진 히딩크에 대해 이렇게까지 빨리 연구서가 나왔다는 것은 이미 그전부터 히딩크에 대해 오랜 시간 깊이 연구해온, 진짜 '히딩크 박사'만이 할 수 있는 일이라고 생각했다. 그러나 어느 시사 주간지의 부탁으로 서평을 쓰려던 나는 아예 서평 자체를 포기해버렸다. 그 책은 히딩크가 한국에 온 이후로 했던 인터뷰를 중심으로 이것저것 짜집기한 엉터리였기 때문이다. 이건 정말 우리 사회의 천박함을 적나라하게 드러낸 그야말로 ×팔린 해프닝이었다.

히딩크는 나에게 오히려 어떤 '황당함'으로 다가왔다. 네덜란드 축구는 '토털사커'의 대명사이다. 내가 이해했던 토털사커는 선수 전원이 일정한 포지션에 구애받지 않고 개개인의 창의성을 최대한 발휘하며 서로가 유기적인 조화를 이루어 팀 전력을 극대화하는 것이었다. 따라서 토털사커의 중요 요소 역시 '자유분방함'과 '뛰어난 개인기', 그리고 '경기 전체를 볼 줄 아는 시야'라고 이해했었다. 그런데 히딩크는 처음부터 규율을 강조하고 촌티 나게 복장 통일을 지시하는 등 너무나 권위주의적인 모습이었다. 그뿐인가. 내가 충격적으로 받아들인 것은 그가 첫 인터뷰 때 "90분 동안 통제할 수 있는 팀, 훌륭한 기계처럼 유기적인 팀을 만들겠다"고 한 말이었다. 기계의 부속품이 되는 것을 생리적으로 싫어하는 나는 나도 모르게 투덜거렸다.

"토털사커가 무슨 '전체주의 축구' 같애?"

2. '오대영' 히딩크

2001년 1월 홍콩 칼스버그컵 국제축구대회 때부터 '히딩크 호'가 본격적으로 가동하기 시작했다. 그러나 경기 내용은 실망 그 자체였다. 우선 수비진이 너무 엉망이었다. '구세주 히딩크'가 새로 도입한

1자 수비에 제대로 적응하지 못한 우리 수비진은 여기저기서 어이없이 뻥뻥 뚫리며 손쉽게 골을 내주곤 했다. 미드필더들은 자신감을 갖지 못한 듯 지리한 백패스만 남발했고 공격진 역시 아무런 파괴력도 보여주지 못했다. 이런 모습은 곧이어 열린 두바이 국제축구대회에서도 마찬가지였다. 이게 과연 히딩크가 추구하는 선진축구인지 도대체 답답하기만 했다.

무엇보다 나는 우리 대표팀이 최선의 선택이라는 생각이 들지 않았다. 대표팀이란 우리나라에서 제일 잘하는 선수들을 선발해야 하는 것이 상식 아닌가? 그런데 히딩크가 뽑은 몇몇 선수들은 내가 보기에는 도저히 함량 미달이었다. 히딩크가 우리 선수들을 아직도 제대로 파악하지 못하고 있다는 느낌이었다.

우리 대표팀은 4월 말 이집트에서 열린 LG컵 국제축구대회에서 우승을 차지하며 자신감을 찾는 듯했다. 5월 말에는 카메룬 대표팀과 평가전을 갖고 며칠 앞으로 다가온 대륙간컵대회를 대비했다. 히딩크는 이때부터 4-4-2뿐만 아니라 가끔씩 3-4-3 같은 전형을 들고 나와 '히딩크=4-4-2'라는 등식에 세뇌당한 사람들을 혼란에 빠뜨렸다. 덕분에 축구 전문가들 사이에는 우리 대표팀에는 역시 '포 백'보다는 '쓰리 백'이 적합하다는 의견이 고개를 들기 시작했다. 나 같은 보통 축구 팬이야 물론 그건 상대팀에 따라 달라질 뿐 아무래도 마찬가지라고 생각하지만. 내가 보기에 이때까지 대표팀이 뚜렷하게 달라진 점이라면 공격진부터 적극적으로 상대를 압박하는 것이었다.

5월 30일에 개막된 대륙간컵대회는 한마디로 악몽이었다. 개막전에서 세계 최강 프랑스와 맞붙은 우리 대표팀은 프랑스의 현란한 공격력 앞에 제대로 힘 한번 써보지 못하고 5대 0으로 대패했다. 그 때까지 '구세주 히딩크'를 외치던 언론은 때를 기다렸다는 듯 유다처럼 배신을 때리며 히딩크를 공격하는 데 열을 올리기 시작했다. 우리 대표팀이 그뒤에 멕시코와 호주를 연파한 것은 '일본은 준우승, 한국은 예선 탈락'이라는 성적표 때문에 그대로 잊혀졌다. 코뼈가 부러진 가운데서도 터뜨린 유상철의 투지 넘친 헤딩골도, 황선홍의 환상적인 오른발 아웃프론트골도 모두 잊혀지고 우리에겐 '5대 0'이라는 참담한 스코어만 남았다.

　대륙간컵을 계기로 우리 축구의 현주소가 명백해졌다. 한마디로 아직 멀었다는 것이다. 그리고 우리가 세계 무대를 상대로 경쟁하려면 어떤 선수가 필요한지도 뚜렷해졌다. 이것저것 대충 잘하는 선수보다는 한 가지라도 확실한 주무기가 있는 선수가 세계 무대에서도 통할 수 있다는 것이다. 자연히 나 같은 보통 축구 팬이 성원하고 지지하는 스타들 중 일부는 어쩔 수 없이 퇴출되는 운명에 처했다. 세계 수준과 경쟁한다는 것은 이렇게 두려운 일이다.

　그러나 내가 정작 무시무시한 두려움을 느낀 것은 프랑스와 일본의 결승전 경기였다. 일본은 대륙간컵 개회에서 결승까지 진출했고, 세계 최강 프랑스를 상대로 스코어(1대 0) 상으로는 대등한 경기를 펼치며 준우승을 차지했다. 그렇지만 그때 프랑스는 전반전 내내 일본이 그렇게 자랑하는 수비의 조직력을 마음껏 유린했었다. 골이 한 골밖에 나지 않은 것은 순전히 프랑스 공격진의 집중력 부족 때문이었다. 나는 두려웠다. 우리나라야 제대로 준비하지도 않으면서 무모하게 월드컵 16강을 노리는 '겁대가리 없는' 팀이라고 치더라도, 일본은 지난 20년 동안 치밀하게 준비한 장기계획 아래 착실하게 발전해온 팀이 아닌가. 그럼에도 불구하고 세계 최고 수준과는 아직도 저렇게 뚜렷한 격차가 있는 것이다. 나는 우리 대표팀의 대패보다 일본의 1대 0 패배에서 더욱 커다란 절망감을 느꼈다. 세계 최고 수준이란 저렇게 무서운 것이다. 그렇다고 마냥 기만 죽어 있을 수는 없는 노릇이다. 세계 수준을 따라잡는다는 것이 하루아침에 되는 것이 아니란 걸 인식하고 기본부터 하나하나 착실하게 준비하며 풀어나가는 수밖에 없다.

8월 중순 우리 대표팀은 체코와 평가전을 가져 또다시 5대 0으로 대패했다. 이때부터 5대 0은 '히딩크 스코어'란 별명으로 불렸고 인터넷에는 '개그 퀴즈'가 돌아다녔다.

"사리체프가 한국에 귀화하면 그 이름은?"
"신의손."
"히딩크가 한국에 귀화하면 그 이름은?"
"오대영."

나는 어차피 처음부터 '히딩크 신도'도 아니었고 앞으로 '안티 히딩크'가 될 생각도 없지만 그때만큼은 모든 ×폼을 벗어던지고 적나라한 질문을 던질 수밖에 없었다.

"야, 히딩크는 그 동안 뭐 했냐?"

그러나 우리가 히딩크를 비판할 때 주의할 점은 분명히 있다. 우선 히딩크는 어차피 돈만 많이 받으면 그만인 외국 사람이니까 우리 대표팀에 최선을 다하지 않는다는 국수주의적인 비판은 핀트가 어긋나 있다. '직업의식'이 무엇인지 조금이라도 아는 사람은 절대로 그런 생각은 하지 않을 것이다. '번데기 수학자'인 나도 세계 어느 나라에 가서 강의를 하더라도 내가 아는 모든 것을 전달하려고 최선을 다한다. 전 세계 각 나라에 퍼져 있는 우리나라 출신의 태권도 지도자들과 양궁 지도자들도 모두 같은 생각일 것이다.

또한 우리 선수들은 기본기부터 세계 수준과는 차이가 있으니 네덜란드 대표 수준의 전술을 그대로 이식하려고 애쓰지 말고 "우리 풍토에 맞는 축구를 해야 한다"는 주장에도 동의할 수 없다. 언뜻 들으면 그럴듯한 말 같지만 만일 우리기 그렇게 한다면 우리는 영원히 아시아 3등에 머물러 있을 것이다. 아니다. 그 위치마저 중국 같은 나라에 빼앗겨 우리는 그저 그런 수준의 '동네 축구'로 전락하고 말 것이다.

우리가 제대로 노력만 한다면 세계 축구의 주된 흐름을 따라가면서도 얼마든지 '우리만의 축구, 우리 식의 축구'를 개발할 수 있다. 아니, 실제로 우리 특유의 축구를 만들지 못하면 세계 수준을 따라

잡지도 못한다. 그러니까 우리만의 주무기가 있어야 한다는 말이다. 그것도 '남의 콧잔등에 붙어 가는' 치사한 신바람이 아니라 스스로 기본을 다지고 자기의 혼을 깊이 불어넣어 한껏 개성을 발휘한 그런 주무기가 있어야 한다. 그러기 위해서라도 지금은 세계 축구의 흐름이 무엇인지를 배워야 한다. 천재 화가 피카소도 젊은 시절 고전적인 기법을 마스터한 탄탄한 기본을 바탕으로 그 특유의 천재성을 마음껏 발휘하기 시작했던 것이다.

3. 이제 좀 믿어볼까?

9월에 있었던 나이지리아와의 평가전 역시 지극히 실망스러웠다. 히딩크는 대표팀의 골격이 65퍼센트 정도 완성되었다고 했다. 그리고 앞으로도 실험은 계속될 거라고도 했다. 아니, 우리나라 대표팀은 '히딩크 실험실'인가? 그 동안에도 우리 대표팀에는 이런저런 희한한 선수들이 들락거렸고 또 선발된 선수들은 히딩크의 '포지션 파괴' 때문에 여기저기 '잇쌍한' 포지션에 기용되어 'x발'을 연발하며 '구멍' 노릇을 했었다. 나는 화가 치밀었다. 우리 선수들이 무슨 '표본실의 청개구리'인 줄 아나? 왜 저렇게 정신 못 차리게 흔드는 거야?

감독이 할 일이 도대체 무엇인가? 첫째, 좋은 선수를 뽑아야 한다. 둘째, 적절한 위치에 기용해야 한다. 셋째, 조직력을 갖춰야 한다. 넷째, 수준 높고 다양한 전술을 개발해야 한다. 대충 생각해봐도 이 정도인데 우리 대표팀은 처음 두 가지가 아예 안 되어 있는 것 같왔다. 우리 대표팀이 우리나라에서 제일 잘하는 선수들로 구성되어 있는 것 같지도 않고, 적재적소에 배치되기는커녕 매 경기 '잇쌍한' 포지션 파괴가 일어나니 우리 선수들이 어떻게 최고의 실력을 보여 주겠는가?

한편으로는 기초과학을 공부하는 사람으로서 히딩크가 부럽기도 했다. 대한민국에서 기초과학을 공부하는 교수들은 대부분 (나 빼놓고) 연구 결과에 대해 어느 정도 낙관을 하고 있지 않으면 연구비를 아예 신청할 생각도 하지 않는다. 실험도 결과가 예상대로 나와야지 그렇지 않으면 연구비 낭비로 생각한다. 그런데 히딩크는 거액의 연구비로 이 실험, 저 실험, 매우 창의적이며 희한한 실험을 (그것도 무수히 실패하는 실험을) 계속하고 있으니 얼마나 좋겠는가. 사실은 그런 과정을 거쳐야 진짜 훌륭한 연구 성과가 나오는 법이다. 그렇지만 그것 때문에 고생하는 선수들을 생각하니 솔직히 해도 너무 하는 것 같았다.

10월 초 합숙 훈련이 끝나고부터야 비로소 나는 조금씩 히딩크에게 믿음이 가기 시작했다. 왜냐하면 적어도 히딩크는 바로 눈앞에 닥친 월드컵의 성적에만 연연해하는 것 같지는 않았기 때문이다. 대표팀을 소집할 때마다 새로운 선수들을 실험하고 젊은 선수들에게 기회를 주는 등 월드컵 이후까지도 내다보는 장기적인 계획 아래 대표팀을 꾸려나가는 걸 느낄 수 있었다. 히딩크가 제아무리 '용가리 통뼈'라고 해도 내년 월드컵에서 우리나라를 16강에 진출시키기는 쉽지 않을 것이다. 그렇지만 지금처럼 '초단기 땜질 처방'보다 '기본'을 충실히 하며 장기계획을 세우는 감독이라면 우리에게 '월드컵 16강'보다 더욱 중요한 것을 일깨워줄 수 있을 것이다.

11월 초 세네갈, 크로아티아와의 평가전에서 우리 대표팀은 1승 1무 1패를 기록하며 안정을 찾기 시작했다. 나는 그때 히딩크 감독이 취임한 후 처음으로 우리 대표팀 경기를 보며 가슴이 설레는 것을 느꼈다. 바로 새로 수혈된 '젊은 피'들 때문이었다. 물론 그만큼 걱정도 됐다. 이제 월드컵이 얼마 남지 않았는데 아직도 경험이 없는 선수들을 테스트하고 있으니 조직력은 언제 키울 것인가? 그래도 11월의 평가전은 나 같은 보통 축구 팬이 그 동안 히딩크가 꾸준히 주장해온 축구철학에 상당 부분 공감할 수 있게 된 계기가 되었다.

물론 헷갈리는 점도 많았다. 아무리 상대가 아프리카와 유럽의 강호라지만 이렇게 공격다운 공격 한 번 제대로 하지 못해도 월드컵 16강이 가능한 걸까? 90퍼센트 구상이 끝났다는 대표팀의 주전선수들은 누가 될 것인지, 홍명보는 어떻게 할 건지, 고종수는 부상에서 회복되면 대표팀에 선발될 수 있는 건지……(물론 히딩크의 대답도 이미 알 것 같다. "모든 가능성은 열려 있다. 뭐, 어쩌고 저쩌고……") 가장 걱정이 되는 부분은 우리 선수들이 월드컵까지 트래핑, 패스, 경기운영능력 등 그 수준을 끌어올리는 데 시간이 필요한 부분들을 얼마나 향상시킬 수 있을까 하는 것이다. 이건 그야말로 기본에 관한 얘기니까. 그래도 이 세 경기를 지켜보고 나서 내 가슴 속에는 분명히 '희망'이라는 등불이 켜졌다.

4. 대통령 후보 '오대영'?

12월 1일 조 추첨이 끝나고 우리나라는 포르투갈, 폴란드, 미국과 한 조가 됐다(러시아, 벨기에, 튀니지와 한 조를 이룬 일본보다 상대적으로 불리해 보이지만, 뭐, 공은 둥근 거니까). 따라서 우리가 16강에 올라가려면 반드시 미국을 이겨야 한다(문제는 그건 미국도 마찬가지라는 데 있다). 그리고 12월 9일에는 서귀포에서 바로 그 미국과 평가전을 가져 우리가 1대 0으로 이겼다.

그런데 갑자기 걱정이 되기 시작했다. 설마 미국한테 이겼다고 해서 우리 국민 모두가 들떠서 우리가 이미 16강에 진출하기라도 한 것처럼 설쳐대진 않겠지?(그런 건 일본이 해야 하는데⋯⋯) 지금 희망이 좀 보인다고 해서 언론이 미리부터 앞서가서 이미 16강, 8강에 진출한 것처럼 설쳐대다가 뭔가 좀 잘못되기라도 하면 그때는 모든 책임을 감독과 선수들에게 뒤집어씌우고 집중 공격을 퍼붓던 것이 그 동안의 '공식'이었는데 어찌 걱정이 되지 않을 수 있겠는가?

미국은 물론 우리가 충분히 이길 수 있는 팀이다. 그렇다고 해서 우리의 승리가 보장된 팀도 아니다. 또 미국만 이기면 16강에 진출하는 것도 아니다. 그리고 우리 대표팀은 아직도 개선할 부분이 많다. 우선 수비에서 공격으로 전환할 때의 날카로운 전진 패스도 보이질 않고, 확실한 공격 루트도 정비되어 있지 않으며, 수비진 사이의 협력 플레이도 개선해야 할 점이 많다. 또한 무조건 많이 뛰기만 할 게 아니라 경기의 템포를 조절할 줄 아는 성숙미도 아쉽다. 중요한 것은 이제야 비로소 '희망'이 보일 때 기쁨에만 겨워 날뛸 것이 아니라 우리가 개선해야 할 점들을 냉철히 파악하고 분석해서 하나 하나 실천에 옮겨가는 것이다. 그래야 '희망사항'을 '실천사항'으로 구체화시킬 수 있는 것이 아닌가.

서귀포에서 미국을 1대 0으로 이긴 이후 언론이나 축구 팬들의 히딩크에 대한 평가는 긍정적 분위기 일색으로 돌아섰다. 무엇보다 히딩크가 치밀한 과학적 분석 아래 장기 계획을 세우고 뚜렷한 소신을 가지고 팀을 이끌어가는 것을 높이 평가하는 분위기다. 한마디로 말해서 (심지어는 나까지도) 히딩크의 축구철학에 어느 정도 설득되고 만 것이다.(이건 '세뇌'는 아니겠지?)

어쨌든 요즘 히딩크의 주가는 연일 상종가를 치고 있다. 지난 1997년 차범근 감독은 '프랑스 월드컵 본선 진출'이라는 업적 때문에 "차범근을 대통령으로!"라는 구호까지 나왔었다. 만일 우리 대표팀이 내년 월드컵에서 16강 진출에 성공한다면 우리나라 여야의 대권 주자들은 '오대영'이라는 새로운 후보의 파괴력 앞에 벌벌 떨어야 할지도 모른다(순전히 농담이니까 진짜로 떨지는 마라).

그러나 이런 인기는 어차피 물거품 같은 것이다. 지금 내가 히딩크에게 조금씩, 조심스럽게 믿음이 가는 이유는 그가 본업인 대표팀의 실력 향상에 힘쓰는 한편 유소년 축구, 지도자 교육 등 한국 축구의 미래를 위해 정말 중요한 밑거름이 되는 여러 가지 활동을 해주고 있다는 점이다(월드컵 성적에 관계없이 히딩크를 한 2년만 더 고용하면 안 될까? 월드컵도 끝났으니 연봉은 한 절반만 주고).

나는 아직도 히딩크가 원하는 축구가 무엇인지 잘 모른다. 그렇지만 그가 우리 축구에 가져온 변화의 바람은 대표팀의 성적뿐만 아니라 우리 축구의 여러 분야에서 서서히 긍정적인 효과를 나타내기 시작할 것이다. 그리고 나는 이런 변화들이 '월드컵 16강' 보다 더욱 소중한 '히딩크 효과' 라고 생각한다.

(2001)

평화의 기도

드디어 2002년 새해가 밝았다. 그 동안 축구를 사랑하는 모든 사람들은 새해가 오기만을 손꼽아 기다려왔다. 바로 월드컵이 열리는 해이기 때문이다. 나는 이미 월드컵 경기 일정과 여러 가지 경우의 수를 분석하여 언제, 어디서, 어느 경기를 누구와 어떻게 볼 것인지(직접 가서 볼지, TV로 볼지, 녹화해서 볼지, 여럿이서 볼지, 혼자서 몰래 볼지 등등)에 대한 모든 세부 계획을 세워놓았다. 그럼에도 불구하고 징밀로 2002년이 밝아오니까 두근거리는 가슴을 진성시킬 수가 없다. 이렇게 흥미진진한 경기들이 바로 우리나라에서 열린다는 사실이 실감이 나질 않는 것이다(그런데 일본에서도 열린다는 사실은 왜 이렇게 실감이 날까?).

새해가 밝아오면 누구나 경건한 마음으로 기도를 드리고, 스스로 여러 가지 다짐을 하게 마련이다. 내가 가장 바라는 것은 우리나라 축구 대표팀이 월드컵에서 폴란드와 미국을 연파하고 포르투갈과

대등한 경기를 벌여 월드컵 16강에 진출하는 것이다. 아니다. 이건 너무 터무니없는 것 같다. 우리 대표선수들이 세계 무대의 중심에 서서 자신감을 잃지 않고 정정당당한 플레이를 펼쳐 아름답고 멋진 경기를 할 수 있다면 나는 그것으로 만족할 것이다.

월드컵은 세계 최고의 선수들이 모여 세계 최고 수준의 경기를 펼치는 멋진 무대이니까 우리 모두 열린 마음으로 월드컵의 모든 경기들을 한껏 즐겼으면 한다. 그리고 그런 무대를 마련하고 운영하는 모든 사람들이 가슴 가득한 성취감을 맛볼 수 있도록 월드컵대회가 무사히, 성황리에 끝나길 기도한다(물론 우리나라뿐만 아니라 일본도 멋지게 대회를 치러내길 바란다. 어흠).

그러나 무엇보다도 내가 바라는 것은 올해 열리는 월드컵이 온 세상에 평화를 가져오는 계기가 됐으면 하는 것이다. 돌이켜보면 지난 한 해 동안은 테러와 전쟁, 경제 위기설과 부패 스캔들 때문에 견디기 어려운 시간이 너무 많았다. 새해에는 제발 그런 일이 없도록 우리 모두 경건한 마음으로 프란치스코 성인의 '평화의 기도'를 바쳐 보자.

"주여, 월드컵을 당신의 도구로 써주소서. 축구공이 있는 곳에 사랑을, 축구공이 있는 곳에 용서를, 축구공이 있는 곳에 일치를, (······) 축구공이 있는 곳에 기쁨을 가져오는 월드컵이 되게 하소서. (······) 우리는 패스 줌으로써 패스받고, (팀 동료를) 신뢰함으로써 신뢰받으며, 자기를 버리고 어시스트함으로써 진정한 승리를 얻기 때문입니다."

(음, 기도문이 조금 이상해졌지만 이 정도는 하느님도 용서해주시겠지.)

(2002)

대~한민국!!

"대~한민국! 짝짝~짝 짝~짝~! 대~한민국! 짝짝~짝 짝~짝~!"

그날 부산 월드컵 경기장은 한마디로 열광의 도가니였다. 경기 시작 훨씬 전부터 관중석은 온통 붉은빛으로 물들어 있었다. 이렇게 열광적인 분위기는 앞으로도 다시 겪어보기 어려울 것 같다.

선수단이 입장할 때 폴란드의 골키퍼 두덱이 이운재의 어깨를 감싸안고 나오는 장면이 눈에 들어왔다. 멋진 장면이었다. 폴란드의 국가는 정말 아름다웠다. 가사 내용이야 알 수 없었지만 멜로디가 너무나 감미롭고, 가슴을 뭉클하게 하는 '그 무엇'이 있었다. 그리고 우리 애국가가 울려퍼졌다. 이렇게 크게, 가슴을 울리며 애국가를 불러본 적이 언제였을까? 나도 모르게 두 팀이 온 세계 축구 팬들이 두고 두고 기억할 만한 멋진 경기를 펼치길 바라는 마음이 되었다.

경기가 시작되자 폴란드 선수들이 강력하게 밀고 나왔지만 우리 선수들 역시 맹렬하게 맞부딪쳤다. "대~한민국!"과 "오~ 필승 코리아!"의 함성 역시 하늘 높이 울려퍼졌다. 전반 26분 이을용이 낮게 크로스한 것을 황선홍이 그대로 발리슛을 때려넣자 부산 전체가, 아니 한반도 전체가 떠나갈 듯한 함성이 터져나왔다. 나도 따라 내 심장이 터져나갈 만큼 소리를 질러댔다.

이날 아시아 팀의 성적은 '등차수열'이었다. 중국은 두 골 차이로 졌고, 일본은 비겼다. 결론은? 우리나라가 두 골 차이로 이길 차례라는 얘기다(이런 걸 '엉터리 수학'이라고 한다). 나는 그걸 굳게 믿으려고 애를 쓰며 두 주먹을 불끈 쥐었다.

후반 8분 유상철의 통렬한 오른발 강슛이 골네트를 흔드는 순간 또다시 부산이, 한반도가 떠나갈 듯한 함성이 터져나왔다. 이제 2대 0이다. 나도 모르게 "침착해! 침착해!"를 부르짖었다.

우리 선수들이 폴란드의 맹렬한 공격을 당당하게 막아내며 날카로운 역습을 펼치는 동안 전광판의 시계가 멈췄다. 부산 하늘에 "이겼다! 이겼다!" 함성이 울려퍼지는 가운데 주심이 호루라기를 불며 두 팔을 쳐들었다. '월드컵 1승'이 현실로 나타난 것이다.

경기장을 가득 채운 모든 관중이 붉은 악마가 되어 "대~한민국!"을 부르짖는 동안 경기에서 진 폴란드 선수들은 고개를 숙인 채 라커룸으로 들어갔다. 그때 왜 내 머리엔 감미롭고 감동적인 폴란드 국가가 떠올랐을까?

우리는 드디어 역사적인 '월드컵 1승'을 거두었다. 우리의 목표가 '월드컵 16강'이라면 우리는 이제 목표의 3분의 1 지점에 와 있을 뿐이다. 그렇지만 당분간은 '3분의 1의 성공'을 마음껏 즐기고 싶다.

"대~한민국! 짝짝~짝 짝~짝~! 대~한민국! 짝짝~짝 짝~짝~!"

(2002)

이게 꿈은 아니겠지?

　이게 꿈은 아니겠지? 우리나라가 이탈리아를 꺾고 월드컵 8강에 진출했다. 그것도 연장전까지 가는 피 말리는 접전 끝에 극적인 역전승을 거두었다. 이 순간을 어떻게 잊을 수 있을까? 내가 태어나 축구를 사랑하며 살아온 세월이 너무나 자랑스럽다.
　나는 일찌감치 대전 월드컵 경기장에 와서 마음을 가다듬고 기다리고 있었다. 우리가 이탈리아를 만난 것은 오히려 행운이라고 생각했다. 이탈리아 같은 세계적인 최정상 고수를 확실하게 꺾고 8강에 진출한다면 그보다 더 신나는 일이 어디 있겠는가? 나는 우리나라가 이탈리아와 함께 멋있고 수준 높은 경기를 벌일 것이 너무나 기대가 됐다.
　경기가 시작된 지 5분 만에 페널티킥을 얻었다. 황금 같은 기회였는데 그만 골키퍼 부폰의 선방에 막혔다. 그리고 전반 18분 비에리에게 헤딩 선취골을 허용했다. 안타까운 순간이었다. 이탈리아는 과연 강했다. 우리 선수들은 이탈리아의 강력한 압박과 뛰어난 기량에 공격의 활로를 찾지 못했다. 그래도 박력 있게 정면으로 맞서 싸웠다. 관중석의 "대~한민국!!" 함성도 가라앉지 않았다.

후반전 들어 경기가 더욱 뜨겁게 달아오르고 양팀이 격렬하게 맞부딪치는 멋진 경기가 됐다. 이탈리아는 토티와 비에리가 활발하게 움직이며 좋은 기회를 여러 차례 만들어냈다. 우리도 파도처럼 맹공을 퍼부었지만 견고한 이탈리아 수비를 뚫지 못했다. 안타까운 시간이 자꾸만 흘러갔다. 우리 선수들이 '세계의 벽'에 부딪힌 것 같은 느낌이 들었다. 나는 신문에 낼 칼럼 원고를 정리하기 시작했다. "세계의 벽은 과연 높았다. 어쩌구 저쩌구……"

그때였다. 설기현의 동점골이 터진 것이. 후반 42분 황선홍의 침투 패스가 수비에 맞고 흐른 것을 설기현이 날카로운 왼발 슛으로 동점을 만든 것이다. 그뒤 30분 동안은 2002년 월드컵 최고의 흥미진진하고 박진감 넘치는 경기가 계속됐다. 비에리와 황선홍, 그리고 차두리의 오버헤드킥까지 우리나라와 이탈리아는 결정적인 기회를 서로 주고받으며 멋진 승부를 펼쳤다.

그리고 화려한 피날레가 찾아왔다. 이영표의 크로스를 받아 안정환이 멋진 헤딩 결승골을 터뜨린 것이다. 우리나라 축구 역사상 이보다 더 극적인 골이 있을 수 있을까? 정말 월드컵의 진수를 마음껏 느낄 수 있는 환상적인 순간이었다.

나는 정말 자랑스럽다. 우리가 이렇게 멋진 경기를 펼친 것이 너무나 자랑스럽다. 그러나 다 같이 기억하자. 이탈리아 역시 좋은 경기를 펼쳤으며 승리와 패배의 차이는 그야말로 종이 한 장 차이였다는 것을. 우리 선수들이 앞으로도 최선을 다하여 이길 때는 품위 있고 질 때는 당당한, 진정한 승부사의 모습을 계속 보여주길 기대한다.

(2002)

월드컵을 마무리하는 마음

내일이면 2002 한·일 월드컵이 막을 내린다. 그 동안은 정말 행복한 하루하루였다. 내가 그렇게 사랑하는 축구와 함께 생활했던 지난 한 달은 앞으로도 내 가슴에 영원히 남을 것이다.

나는 지금까지 열 한 경기를 직접 봤다. 오늘 벌어지는 3-4위전을 더하면 한 다스(열 두 경기)를 채운다. 그리고 우리나리에 건설된 열 개의 월드컵 경기장을 하나도 빠짐없이 다 가보는 진기록(?)도 세우게 된다. 국가대표선수들 사이에 '센추리 클럽'이 있는 것처럼 나도 '2002-10클럽' 같은 것을 만들어 회원 모집을 하고 싶을 정도다.

월드컵 경기장을 찾을 때마다 나는 세계 최고 수준의 경기를 지켜보며 한없이 감동했다. 그런데 그곳에는 축구 말고도 사람을 감동시키는 것이 또하나 있었다. 자원봉사자들과 안전요원들의 헌신적인 노력이 바로 그것이다. 보안 검색을 받을 때에도, 지리를 몰라 이리저리 헤맬 때에도 나는 이분들의 도움으로 편안하고 즐겁게 경기를 관전할 수 있었다. 특히 경기가 끝난 뒤 묵묵히 쓰레기를 정리하고 화장실을 청소하는 분들의 모습을 마주칠 때는 내 마음 깊은 곳까지 따뜻해지곤 했다. 2002 한·일 월드컵이 멋지게 성공할 수 있었던 것은 바로 이렇게 무대 뒤에서 소리없이 자기 책임을 다해준 여러분들 덕택이다.

한편으로는 가슴 아픈 부분도 있다. 기적적인 '4강 신화'를 이끌어낸 히딩크 감독에 대한 사랑과 존경이 넘쳐흐르다보니 '극히 일부'에서는 지난 세월 동안 우리 축구를 지탱해온 원로·중견 축구인들을 모두 '실패한 축구인'이라고 생각하는 것 같다. 누구나 다 알고 있는 얘기지만 우리의 현재는 과거를 바탕으로 이루어졌으며, 우리의 미래 또한 현재를 바탕으로 이루어진다. 만일 우리가 현재의 영광에 도취하여 함부로 과거를 부정해버린다면 '월드컵 4강 신화'도 미래를 위한 도약의 발판이 되지 못할 것이다.

또한 우리 선수들에게 주어지는 포상금에 대해 '차등 지급'이라는 희한한 발상이 나오는 것도 너무나 가슴 아프다. 우리 선수들은 스물세 명 모두가 똑같이 어렵고 힘든 훈련 과정을 이겨내고, 있는 힘을 다 합쳐 자랑스러운 결과를 이끌어냈다. 그런데 누구를 어떻게 차별하겠다는 말인가?

이제 월드컵 기간 동안 느꼈던 감동과 흥분, 아쉬움과 허탈함을 뒤로하고 일상으로 돌아가야 할 시간이 왔다. 나는 이제 초심으로 돌아가려고 한다. '월드컵 첫 승'을 목말라하던 그 절실한 마음으로 돌아가 내가 일하는 분야에서 새로운 꿈을 만들어갈 생각이다. 이렇게 멋진 월드컵을 선사해준 모든 사람들에게 다시 한번 감사드린다.

(2002)

꿈★은 이루어진다

　　우리나라 축구 대표팀이 무서운 질주를 거듭하며 '월드컵 4강'이라는 기적적인 결과를 이끌어냈다. 비록 독일에게 1대 0으로 아쉽게 패배하여 내일 열리는 3-4위전에 나서게 됐지만, 한 번쯤 넘어졌다고 해서 질주가 끝난 것은 아니다. 우리 선수들은 이미 일어서서 다시 달리고 있다. 어느 누구도 가능할 것이라고 믿지 않았던 일을 이루어낸 히딩크 감독과 우리 대표선수들은 모든 찬사와 영예를 누릴 자격이 있다.
　　우리나라와 독일의 준결승전이 열리던 날 '붉은 악마'는 매우 인상적인 카드 섹션을 펼쳐 보였다.

　　꿈★은 이루어진다.

　　그런데 나는 묻고 싶다. '월드컵 첫 승리'와 '월드컵 16강 진출'이 목표였던 우리 대표팀은 원래의 목표를 훨씬 지나 여기까지 왔다. 그럼 우리 축구의 꿈은 이미 이루어진 걸까? 그 동안 나는 우리 축구가 진정으로 발전하기 위해서는 유소년 축구 육성, 우수한 지도자 및 심판 양성, 학원 축구 개혁, 프로축구 활성화 등 '기본'과 '본질'에 대해 치밀한 장기 계획을 세워 착실하게 실천해나가야 한다고 주장했었다. 그런데 지금 결과만 놓고 보면 히딩크라는 마술사 하나를 모셔와 '고액 족집게 과외'를 시킨 덕분에 '월드컵 4강'에 진출하는 기적을 이룬 것처럼 오해할 수도 있다. 그리고 내가 그 동안 주장해왔던 모든 것을 빠짐없이 실행에 옮긴다고 해도 우리나라가 다시 월드컵 4강에 진출할 것이라는 보장도 없다. 그럼 앞으로도 우리는 어느 마술사를 모셔올까만 걱정하면 되는 걸까?

나는 믿고 싶다. '월드컵 4강 신화'는 '이 세상의 모든 신화가 그러하듯이' 우리 축구의 꿈을 이루기 위한 시작일 뿐이라고. 그리고 그 꿈의 내용은 '월드컵 몇강'이라는 결과에만 집착하는 것이 아니라 온 세계가 부러워할 만큼 순수한 열정으로 가득 찬 축구, 정정당당하고 아름다운 축구로 빛나는 수준 높은 축구문화를 가지는 것이라고.

(2002)

감사합니다

지난 11월 20일 서울 상암동 월드컵 경기장에서는 한국과 브라질의 친선 축구 경기가 열렸다. 2002년 월드컵 '4강 신화'의 주인공 한국과 우승팀 브라질의 대결은 그 자체로서도 매우 흥미진진한 이벤트였다. 그러나 내게는 '그들'의 모습을 보는 것이 더욱 소중했다. 호나우도와 호나우디뉴? 아니다. 홍명보와 황선홍이 바로 '그들'이다.

세계 최강 브라질을 맞아 3대 2로 아쉽게 패한 경기에 대해 별로 할말은 없다. 스코어에 나타난 것보다는 전력 차이가 나는 것으로 보였지만 거의 모든 축구 전문가들이 '월드컵 4강'의 위용을 세계 만방에 과시했다는데 내가 무슨 말을 덧붙이겠는가?

그날 내가 가슴에 담은 것은 홍명보의 모습이었다. 동료들에게 수비 위치를 지시하는 믿음직스러운 모습, 호나우도와 끝까지 몸싸움을 벌이는 투지 넘치는 모습, 수비 진영에서 툭툭 치고 올라와 예리한 침투 패스를 찔러넣는 모습…… 이런 모습들을 하나하나 내 마음속 필름에 담았다.

전반전이 끝나고 홍명보와 황선홍의 은퇴식이 열렸다. 공로패와 골든슈가 수여된다고 했다. 우리나라 축구 사상 처음 있는 일이란다. 정말 잘한 일이다. 그런데 솔직히 조금 화도 났다. 아니, 그러면 그 동안 최정민, 이회택, 최순호, 김주성…… 뭐 이런 초특급 스타들이 명예로운 은퇴식도 제대로 못 해보고 무대에서 내려왔다는 말인가? 그런 생각으로 TV를 보는데 더욱 황당한 일이 일어났다. TV에선 '그들'의 모습 대신 광고가 나오고 있었기 때문이다. '아주 오랜 시간'을 기다려 겨우 축구장이 다시 나왔지만 '그들'의 모습은 보이지 않았다. 나는 '그들'과 이별의 마음을 나누고 싶었는데……

후반 27분 홍명보가 교체됐다. 그의 모습을 대표팀에서 다시는 볼 수 없다고 생각하니 눈물이 나올 것 같았다. 김호곤 감독은 모든 선수들에게 기회를 주려는 듯 정신없이 선수들을 교체했다(LG 김성근 감독의 '벌떼 야구'를 보는 듯했다). 그때마다 안타깝게 부르짖었다.

"이번엔 제발 황선홍을……"

후반 43분이 돼서야 황선홍이 들어왔다. 부상이 심한 몸이라 오래 뛰게 할 수는 없었을 것이다. 그래도 슈팅이라도 하나 때렸으면 했는데 어이없는 페널티킥 판정으로 너무 허무하게 경기가 끝나버렸다(뭐, 그런 심판이 다 있냐?). 2002년 월드컵 폴란드와의 첫 경기에서 황선홍이 터뜨렸던 멋진 골을 떠올리며 허탈한 마음을 달랬다. 돌이켜보면 그때 그 골이 바로 '월드컵 4강 신화'의 시작이었다. 그날 밤 부산 월드컵 경기장에서 가슴이 터져라 외쳐댔던 "대~한민국!"이 생각났다.

이제 '그들'은 대한민국 축구의 '전설'이 되었다. 나는 기대한다. 앞으로 '그들'이 베켄바우어(독일)나 플라티니(프랑스)처럼 우리나라 축구를 대표하고 이끌어가는 축구 행정가, 축구 지도자로서 새롭게 태어날 것이라고. 그리고 다시 한번 '그들'에게 말하고 싶다.

"감사합니다. 정말 감사합니다."

(2002)

K-리그의 르네상스

2002년 한일 월드컵에서 우리 대표팀이 기적적인 '4강 신화'를 이끌어낸 뒤 K-리그는 새로운 전성기를 맞은 것 같다. 월드컵 스타들의 인기를 구심점으로 하여 K-리그 경기에 축구 팬들이 몰려들고 있는 것이다. 그야말로 'K-리그의 르네상스'를 맞이한 것 같다. 그러나 누구나 알고 있겠지만 그냥 가만히 있어도 이 열기가 이대로 영원히 지속될 것이라고 믿는 것은 어리석은 일이다. 실제로 홈경기에서 부진한 모습을 보였던 몇몇 팀들은 벌써부터 관중이 격감하여 고민하고 있다. 그러니까 지금의 K-리그 열기는 분명 새로운 도약의 기회이지만 자칫 준비 부족으로 기회를 놓칠 경우 다시는 헤어나오기 힘든 깊은 수렁으로 빠질 수도 있는 것이다.

우리나라 프로축구는 벌써 20년의 역사를 지니고 있지만 사실은 치명적인 약점을 안고 있다. 만성적인 적자 운영이 바로 그것이다. 프로축구단이면 축구를 통해 수익을 올리고 흑자 경영을 할 수 있어야 한다. 그런데 해마다 상당한 규모의 적자를 내며 홀로 서기를 하지 못하는 형편이라면 그건 대기업 홍보실의 산하기관이지 진정한 의미에서의 프로라고 말할 수는 없다.

이렇게 프로축구단이 적자에 시달리는 이유는 물론 축구 팬들이 경기장을 찾지 않기 때문이다. 축구장에 관중이 없으니까 입장 수입을 올릴 수 없고 관중도 없는 경기에 TV 중계가 따라올 리 만무하니까 중계료도 챙길 수 없다. 그래도 감독과 선수들의 연봉을 포함하여 구단 운영비는 꼬박꼬박 나가게 마련이니 적자가 나는 것은 당연하다. 우리나라에는 자칭 '축구를 사랑하는' 사람들이 엄청나게 많아서 국가대표팀의 경기가 있을 때면 서로가 감독인 것처럼 설쳐대지만 월드컵이 열리기 직전까지도 우리나라 프로축구 경기장들은 파리를 날렸다. 그 수많은 '축구를 사랑하는' 사람들은 도대체 어디에 가 있던 것일까?

축구인들은 축구 팬들에게 "말로만 축구를 사랑한다고 하지 말고 제발 경기장을 찾아달라"고 호소한다. 그러나 축구 팬들의 입장은 간단하다. 축구 경기가 재미가 있으면 가고, 재미없으면 안 가는 것이다. 따라서 우리나라 프로축구가 선택할 수 있는 길도 간단하다. 흥미진진하고 수준 높은 경기를 통해 축구 팬들과 정면 승부를 하는 것이다.

나는 이렇게 '정면 승부'를 하려면 무엇보다 좋은 지도자를 양성해야 한다고 생각한다. 프로축구뿐만 아니라 유소년 축구, 성인 아마축구 등 분야별, 등급별로 체계적인 교육 프로그램을 마련하여 장기적으로 꾸준히 시행하길 바란다. 대한축구협회에서는 이미 야심적인 지도자 양성 프로그램을 시작한 것으로 알고 있다. 그게 제발 도중에 흐지부지되지 말기를 바라는 것이다. 이러한 프로그램을 통해 지도자들이 축구 선진국들의 최신 전술을 받아들이고 우리나라의 고유 모델을 접목시키는 데 열정을 쏟는다면 우리 선수들의 경기력도 눈부시게 향상될 것이다.

또한 심판 판정의 질을 누구나 신뢰할 수 있는 수준으로 끌어올리는 것도 중요하다. 물론 심판 판정이 항상 완벽하길 바랄 수는 없다. 그러나 심판의 판정이 경기 결과에 미치는 영향은 그야말로 결정적이다. 그래서 '심판의 수준이 바로 그 나라의 축구 수준'이라는 말이 나오는 것이다. 심판에 대해 체계적인 교육 프로그램이 필요한 이유가 바로 여기에 있다. 그러는 한편 심판들에 대한 처우를 대폭 개선하여 명예심과 사기를 진작시키고 심판 매수 등 여러 가지 형태의 부정이 끼어들 소지를 원천적으로 봉쇄하는 것도 중요하다. 그리고 심판이 명확한 판정을 내리기 어려운 경우에는 재생 화면을 통해 실제로 무슨 일이 일어났는지를 파악하는 것을 적극적으로 검토할 때라고 본다. 물론 매 경기가 끝난 후에 녹화 테이프를 분석하여 심판 몰래 비열한 반칙을 범한 선수를 적발하고 엄격한 제재를 가하는 것은 당장이라도 시행해야 한다.

그리고 프로축구단은 경기장을 찾는 축구 팬들이 편안하고 유쾌하게 축구를 즐길 수 있는 환경을 마련해주었으면 한다. 축구 경기장에 위험한 물건을 반입하는 것을 철저히 금지하고, 어린이를 동반한 가족들을 위한 특별 섹션을 따로 만들어 가족들이 소풍 삼아 경기장을 찾아올 수 있도록 하면 K-리그 경기가 더욱 인기를 끌 수 있을 것이다.

지금 내가 가장 바라는 것은 월드컵 경기장이 있는 곳에 적어도 하나씩의 프로축구팀이 생기는 것이다. 마침 국민은행과 인천상의 컨소시엄 등이 내년 시즌 K-리그 참여를 목표로 프로축구팀 창단 작업을 벌이고 있다고 하니 반가운 마음을 금할 길이 없다. 내친 김에 서울, 대구, 광주, 서귀포 등에도 프로축구팀이 생겨나서 모처럼 마련해놓은 월드컵 경기장들이 앞으로도 오래도록 축구 경기의 열기로 넘쳐나길 바란다.

나는 오늘도 출근길에 삼각지역에서 지하철을 갈아타며 기도를 한다. 퇴근길에 그대로 상암동 월드컵 경기장으로 직행하여 K-리그 경기를 볼 수 있는 날이 어서 빨리 오게 해주소서. 아멘.

(2002)

* 지금은 내가 바라던 대로 FC 서울, 인천 유나이티드, 대구 FC, 제주 유나이티트 FC 등 네 개의 프로축구팀과 군팀인 광주 상무가 K-리그에 참가하고 있다.

공동경비구역

지난 일요일 K-리그 경기. 요즘 한창 상승세를 타고 있는 대전과 유상철, 현영민의 결장으로 어딘가 불안한 울산이 맞붙었다. 경기가 시작되자 예상했던 대로 대전이 활기찬 움직임으로 경기를 주도하는 것처럼 보였다.

그러나 울산에겐 '비상의 무기'가 있었다. 아니다. 이미 다 드러난 무기가 있었다. 이천수와 최성국이 빠른 스피드를 이용하여 상대 수비의 배후를 파고들면 후방에서 그냥 길게 찔러주는 작전이 그것이었다(이 패스가 정확하면 '홍명보 패스'가 되는 것이고 부정확하면 '뻥 축구'가 되는 것이다).

이 단순한(?) 작전은 대성공을 거두었다. 울산은 전반 4분 만에 최성국이 질풍처럼 내달리며 선취골을 터뜨린 것을 시작으로 후반전에 도도와 정경호가 연속 골을 터뜨려 3대 0으로 완승을 거두었다.

그렇지만 나는 아쉬웠다. 우선 두 선수가 아무리 빠르다고 해도 그렇게 단조로운 공격에 대전의 수비가 계속 뚫리는 걸 이해할 수가 없었다. 그리고 그렇게 뻥뻥 뚫리는데도 후방에서 찔러주는 패스가 걸핏하면 빗나가는 것도 납득하기 어려웠다.

무엇보다도 안타까웠던 것은 우리 대표팀의 차세대 공격수로 각광을 받고 있는 '떠오르는 별'들이 골과 다름없는 완벽한 기회를 여러 번 놓쳤다는 점이다. 물론 원숭이도 나무에서 떨어질 때가 있고, 호나우도도 어처구니없는 실수를 할 때가 있다. 그래도 '코엘류 황태자'라고 불리기까지 하는 선수들이 골키퍼와 1대 1로 맞선 상황에서 그냥 눈을 질끈 감고 슈팅을 때리는 것은 너무나 답답했다(슈팅도 하기 전에 골을 넣은 뒤의 환호를 미리 준비하고 있는 것처럼 보였던 건 순전히 나의 편견일 것이다).

골대를 맞추거나 살짝 빗나가는 일이 어쩌다 일어나면 '불운' 때문에 기회를 놓쳤다고 이야기한다. 그러나 그런 불운이 계속되면 '골 결정력'이 부족하다고 이야기한다. 그럼 골 결정력을 좌우하는 것은 도대체 무엇일까? 영화 〈공동 경비구역〉에서 송강호가 그 해답을 제시하고 있다.

"실전에서는 뽑는 속도 같은 건 중요하지 않아. (……) 얼마나 침착한가? 얼마나 빨리 판단하고 대담하게 행동하느냐? 그게 다야."

(그런데 자꾸만 이병헌의 대답이 같이 떠오른다. "그렇게 훌륭하

신 분이 왜 수학이나 공부하고 계십니까?…… 침착하게?")

(2003)

스포츠와 인생
— 2002년 월드컵 대표팀 이야기*

여러분은 지금 고등학교를 졸업하고 인생의 큰 바다에 막 나가려는 순간에 있습니다. 야망과 두려움, 의욕과 불안감이 교차하는 시기입니다. 지난 11월 저는 대한축구협회 기술위원장이던 이용수 교수(세종대)의 강의를 들을 기회가 있었습니다. 그때 제가 배운 것들이 중요한 시기에 있는 여러분에게 많은 도움이 될 것이라고 생각하여 몇 마디 소개를 드릴까 합니다.

우리가 미래를 위해 목표를 설정하고 실천 방안을 기획할 때 가장 중요한 점은 우선 자기 스스로에 대해 정확한 이해를 하는 것입니다. 나는 누구인가? 나는 무엇을 하고 싶어하는가? 나는 무슨 일을 하면 보람을 느끼고 행복한가? 내 장점과 단점은 무엇인가? 이런 질문을 스스로에게 던져보고 정확한 진단을 하는 것이 중요하다는 것

---

* 2002년 홍익사대부고 특별 강연.

이죠.

히딩크 감독이 우리나라 대표팀을 맡고 나서 제일 먼저 우리 대표팀의 문제점으로 지적한 것은 다음 네 가지였습니다. 체력 부족, 정신력 부족, 조직력 부족, 골 결정력 부족. 바로 이런 점들이 부족하기 때문에 세계적인 강호와 맞붙었을 때 자신감을 잃고 촌티를 줄줄 흘리며 헤매다가 대패하고 말았다는 것입니다.

그런데 의아한 생각이 들 것입니다. 다른 건 몰라도 체력과 정신력만큼은 우리가 세계 최고 아니냐? 지금까지 한국 축구가 아시아 정상을 지켜온 것은 기술은 좀 부족하지만 체력과 투지로 상대를 제압한 결과가 아니냐? 히딩크 감독의 얘기는 "웃기지 말라"였답니다. 왜 그랬을까요?

우리 선수들이 체력이 좋다는 것은 순전히 동남아 선수들을 상대로 했을 때의 얘기입니다. 상대가 유럽이나 남미의 세계적인 선수들일 경우에는 얘기가 달라집니다. 1998년 프랑스 월드컵에서 네덜란드에게 5대 0으로 참패할 때만 봐도, 아니, 다른 경기들을 돌아보아도 우리 선수들이 후반 20분이 지나면 체력이 고갈되어 제대로 뛰지 못하는 걸 볼 수 있습니다. 또 '체력'이란 전·후반을 줄기차게 뛰어다닐 수 있는 능력도 중요하지만 더욱 중요한 것은 필요한 순간에 전력을 쏟아부을 수 있는 능력, 그러니까 경기의 흐름을 읽을 줄 아는 능력입니다. 히딩크의 '파워 프로그램'을 통해 우리 대표선수들의 체력이 눈에 띄게 향상됐던 것은 모두 아는 얘기니까 더 자세히 설명드리지 않겠습니다.

우리가 흔히 '정신력'이라고 하면 각오와 결의, 불굴의 투지. 뭐, 이런 것들을 떠올립니다. 물론 중요한 덕목들입니다. 그러나 그에 못지않게 중요한 것은 어려운 상황에 처했을 때 흔들림 없이 평상심을 유지하고, 침착하게 자신의 실력을 100퍼센트 발휘할 수 있는 능력입니다. 이런 능력을 갖추려면 평소에 꾸준한 훈련을 통해 향상된 자신의 기술과 실력에 대한 믿음, 즉, 자신감이 바탕이 되어야 합니다.

스스로를 믿지 못하면 아무도 자기 자신을 믿어주지 않습니다. 앞으로 살아가며 무수한 고비를 넘어야 할 여러분들이 이 말을 가슴에 새겨두시기 바랍니다. 나 자신의 능력을 믿고 언제나 희망을 가지고 최선을 다하자. 내가 아니면 누가 날 믿어주겠는가?

'조직력'이 부족하다는 얘기는 선수들이 팀의 일원으로서 자기가 해야 할 일이 무엇인지를 제대로 파악하지 못하고 있다는 뜻이겠죠. 예를 들어 우리 팀이 역습을 당할 때 무조건 우리 편 골대 쪽으로 우르르 달려가기보다는 각자 주어진 위치에서 상대 선수를 마크하며 후퇴하는 것이 빠른 역습을 시도하는 상대가 패스할 길목을 차단하는 효과적인 방어가 되는 것입니다. 사람은 대부분 조직 안에서 살게 되어 있습니다. 그 안에서 자기 자신의 의미를 찾고 자기 역할에 최선을 다하는 것이 스스로를, 그리고 팀을 위하는 길입니다.

또 이것은 개인에게도 적용되는 말입니다. 한 개인 안에서도 여러 가지 욕망과 갈등이 겹쳐지게 마련입니다. 그때, 보다 차원 높은 사고를 가지고 그런 여러 가지를 슬기롭게 조직하고 균형을 잡을 때

비로소 합리적이고 스스로 자부심을 느낄 만한 개인이 생겨난다고 믿습니다.

'골 결정력 부족'은 우리 대표팀이 지난 30년간 귀에 못이 박이도록 들었던 얘기입니다. 축구에서 가장 중요한 것이 골 결정력일 것입니다. 축구는 어쨌든 골을 넣기 위해 하는 운동이니까요. 인생에서도 '결정력'이란 언제나 중요합니다. 자기가 어떤 일을 반드시 해낸다는 건 유능한 인간으로서 평가받는 가장 중요한 요소입니다. 그러나 이런 결정력이 말로만 떠든다고 저절로 생기는 것은 아닙니다.

히딩크 감독이 대표팀의 슈팅 훈련 모습을 처음 보고 "도대체 저게 뭐 하는 거냐?"고 물었답니다. '동네 축구'라도 해본 사람은 다 아시겠지만 가장 기본적인 슈팅 훈련은 다음과 같이 합니다. 우선 선수가 페널티에어리어 외곽에서 아크 부분에 서 있는 주장 또는 트레이너에게 땅볼로 볼을 굴려줍니다. 그럼 그 볼을 리턴 패스로 내주고 그걸 달려가서 슈팅을 때리는 것이죠. 이걸 보며 히딩크 감독이 "저게 뭐 하는 거냐?"고 물은 겁니다. 어리둥절해진 이용수 교수가 "보면 모르냐? 슈팅 훈련이지" 그랬더니 히딩크 감독이 "저런 상황이 실제 경기에서 몇번이나 나올 것 같으냐?"고 반문했답니다. 몇번이나 나올 것 같습니까? 동네 축구에서는 몰라도 월드컵 수준의 경기에서는 아마 열 경기에 한 번도 안 나올 것입니다. 히딩크 감독은 실전에서 나오는 상황을 가정하고 슈팅 연습을 해야 한다는 걸 강조했던 것입니다.

그가 도입한 훈련 방법은 간단했습니다. 우선 골대 사이의 간격을

40미터 이내로 붙여놓고 골키퍼를 세워놓은 뒤 3대 3, 또는 4대 4의 경기를 시키는 겁니다. 그럼 쉴새없이, 틈만 나면 슈팅을 때릴 수 있게 됩니다. 그러면 그때 때리는 슈팅은 골키퍼도 있고, 수비도 태클이 들어오고…… 어쨌든 실전과 같은 슈팅이 되는 것입니다. 이렇게 히딩크는 문제점을 파악하고 그걸 어떻게 효과적으로 극복할 수 있는지에 대한 확실한 노하우가 있었던 것입니다. 언젠가 어느 화장실에서 읽은 구절이 생각납니다.

"의욕이 있는 사람은 방법을 찾고, 의욕을 잃은 사람은 핑곗거리를 찾는다."

우리도 문제점만 지적하며 딴지만 걸지 말고 어떻게 하면 이런 문제점을 슬기롭게 극복할 수 있는지 방법을 찾아가는 용감한 정신을 가진 사람이 되어야 할 것입니다.

여러분은 지금 인생에서 가장 가능성이 큰 시기를 맞이하고 있습니다. 젊음이란 소중하고 두려운 것입니다. 항상 스스로의 정체성과 가치에 대해 생각하고, 스스로의 능력에 대한 믿음을 확인하며, 희망을 잃지 않고 살아간다면 스스로 돌아보아도 애정을 느낄 수 있는 그런 멋진 인생을 살아갈 수 있다고 생각합니다. 감사합니다.

(2002)

월드컵을 인간의 빛깔로 물들인 스타들

1. 트레제게의 해맑은 웃음, 비틀거리며 무너지던 지단

 2002년 한·일 월드컵은 개막전부터 '충격적인 이변'이 연출되었다. 월드컵에 처음 출전한 세네갈이 '세계 최강' 프랑스를 1대 0으로 이겨버린 것이다. 프랑스는 지난 5월 26일 우리나라와 가진 평가전에서 지네딘 지단이 불의의 부상을 당하면서 전력에 커다란 공백이 생겼다. 로저 르메르 프랑스 감독은 "지단은 '지단이기 때문에' 아무도 그를 대신할 수 없다"고 말했었다. 그래도 프랑스가 세네갈에게 질 것이라고 생각한 사람은 거의 없었다.
 경기가 시작되자 양팀은 격렬하게 맞붙었다. 공수 전환이 빠르고 수비가 단단한 수준 높은 경기였다. 전반 22분 트레제게의 오른발이 불을 뿜었다. 모두들 "골~!!"을 외치는 순간 트레제게의 슈팅은 오른쪽 골포스트를 강하게 때리며 튀어나왔다. 트레제게의 얼굴에는 허탈한 웃음이 가득 번졌다. 해맑은 표정 때문에 골을 놓친 아쉬움이 더욱 진하게 느껴졌다. 그러나 그때 누가 감히 상상이라도 해봤을 것인가? 그것이 바로 '제국의 몰락'을 알리는 암시였다는 것을.

전반 30분 파파 부바 디오프의 골로 세네갈이 앞서가면서 '충격적인 이변'의 조짐이 느껴졌다. 세네갈 선수들은 '사자 갈기 머리' 콜리를 비롯, 모두가 열정적인 모습으로 프랑스의 맹공을 막아냈다. 후반 20분 앙리의 결정적인 슈팅이 또다시 크로스바를 때리면서 '충격적인 이변'은 현실이 됐다.

프랑스는 다급해졌다. 로저 르메르 감독은 "비겨서도 안 됐을 경기를 져버렸다"면서 당혹해했다. 그러나 프랑스의 불운은 이제 겨우 시작이었을 뿐이다. 우루과이와 가진 두번째 경기 전반전에서 앙리가 발바닥을 보이며 태클을 했다는 이유로 퇴장당하고 만 것이다. 축구 규칙만 놓고 말하자면 그의 퇴장은 당연했다. 그러나 나는 나도 모르게 부르짖고 있었다.

"야, 이 답답한 심판아! 우리가 지금 너를 보려고 여기까지 온 줄 아냐? 우린 앙리를 보러 왔지, 너의 명쾌한 판결을 보러 온 게 아니란 말이다!"

그렇지만 어쩌겠는가? 경고 정도로 처리하는 운영의 묘를 바랐지만 그건 스타니까 특별히 봐달라는 구차한 변명에 불과한 것을.

프랑스는 남은 65분 동안을 열 명으로 싸워야 했다. 경기 내용에서는 프랑스가 압도적으로 우세했지만 반드시 이겨야 한다는 절박

함 때문인지 결정적인 순간에 무리한 동작으로 기회를 날려버리곤 했다. 오히려 레코바를 앞세운 우루과이의 역습에 가슴을 쓸어내린 순간이 한두 번이 아니었다. 골키퍼 바르테즈가 아니었다면 프랑스는 절망의 나락으로 굴러떨어지고 말았을 것이다. 환상의 콤비인 앙리를 잃은 트레제게는 나름대로 분전했지만 실수가 많았다. 후반 20분이 지난 다음에는 어느 정도 승부를 포기한 듯 투쟁심이 떨어진 모습마저 보였다. 프랑스는 결국 큰 스코어 차이로 이겨야 했을 경기를 0대 0으로 비기며 벼랑 끝으로 몰렸다.

마지막 상대는 덴마크였다. 여러 가지 경우의 수가 있었지만 프랑스가 선택할 수 있는 '경우의 수'는 단 하나. 두 골 차 이상으로 승리하는 것이었다. 그러나 상대가 덴마크라면 그건 기적을 바라는 것과 마찬가지였다. '예술 축구의 지휘자' 지단은 허벅지에 압박붕대를 감은 모습으로 출전을 강행했다. '기적'을 이끌어내기 위해서였다. 숨막힐 듯 긴장된 분위기 속에 경기기 진행됐다. 프랑스가 경기를 지배했지만 덴마크의 저항은 완강했다. 전반 17분 프랑스에게 완전한 기회가 왔다. 그러나 그만 트레제게의 왼발 슛이 골키퍼에게 걸리고 말았다. 이탈리아 리그 최고의 골잡이가 저런 기회를 놓쳐버리다니……

겨우 5분이 지난 뒤 프랑스에게 재앙이 찾아왔다. 덴마크의 롬메달이 프랑스 수비 뒤로 파고들어 아웃사이드 하프 발리슛을 성공시킨 것이다. 이제 프랑스는 세 골을 넣어야 했다. 전반 중반 지단이 덴마크의 페널티에어리어 안을 침투했다. 그러나 아직 완전히 회복되지 않은 지단의 다리는 그의 폭발적인 대시를 감당할 수가 없었다. 지단은 균형을 잃고 비틀거리다가 그라운드에 나동그라졌다. 관중석에서는 "아!" 하는 탄식이 흘러나왔다.

후반전이 시작되자 프랑스는 데사이의 헤딩슛이 골포스트 맞고 나온 것을 시작으로 맹렬한 공격을 퍼부었다. 이런 경기에서 프랑스가 이기지 못하는 것은 정의가 아니라는 생각이 들 만큼 일방적인 경기 내용이었다. 지단을 중심으로 한 세밀한 패스나 현란한 개인기는 '예술 축구'의 여러 단면을 보여줬다. 그러나 굳게 닫힌 덴마크의 골문은 열리지 않았다.

후반 21분 단 한 번의 역습으로 덴마크의 토마손이 추가 골을 터뜨려 2대 0이 되었다. 프랑스에겐 절망적인 상황이 됐다. 후반 28분 트레제게가 다시 한번 번뜩였다. 그러나 수많은 관중들이 "골~!!"을 외치는 순간 트레제게의 슈팅은 크로스바를 맞고 바로 밑으로 떨어졌다. 무슨 악령이 씌인 것 같았다. 트레제게는 또 한번 허탈한 웃음을 지으며 고개를 떨구었다. 지단도 이젠 도리가 없다는 듯 고개를 가로 저었다.

그렇게 제국은 무너졌다. 그리고 내 마음속엔 트레제게의 해맑은 웃음과 지단이 비틀거리며 넘어지던 모습만이 쓸쓸하게 남았다.

2. 바티스투타의 뜨거운 눈물

'죽음의 조' F조는 정말 무시무시했다. 아르헨티나, 잉글랜드, 스웨덴, 나이지리아 등 '무림의 최절정 고수'들이 한데 모여 그야말로 한치 앞도 내다볼 수 없을 만큼 처절한 사투를 벌였다. 그래도 대부분의 축구 전문가들은 아르헨티나가 무난히 1차 라운드를 통과할 것으로 믿었다. 사비올라 대신 카니자를 발탁한 건 이해할 수 없는 결정이었지만 그래도 바티스투타, 크레스포, 베론, 오르테가, 로페스 등 세계 최고의 공격수들이 모여 있었으니까.

'죽음의 조'의 서막은 아르헨티나와 나이지리아가 열었다. 아르헨티나는 이 경기에서 아프리카의 맹주 나이지리아를 완벽하게 압도하며 1대 0으로 승리, 가장 강력한 우승 후보로 부상했다. 스코어는 한 골 차이였지만 아르헨티나는 다양하고 화려한 공격력을 선보이며 나이지리아의 문전을 여러 차례 위협했다. 나이지리아 역시 날카로운 반격을 몇 차례 시도하긴 했지만 아르헨티나의 강력한 수비에 막혀 페널티에어리어 안쪽을 제대로 침투하지 못했다.

후반 18분에 나온 바티스투타의 결승골은 휘황찬란했다. 나이지리이 진영 왼쪽에서 얻은 코너킥을 베론이 반대편 골포스트를 향해 강하게 차주자 바티스투타가 달려들며 헤딩슛을 성공시킨 것이다. 사실 그 코너킥을 골문 안으로 받아넣으려면 아주 좁은 길 한 가지밖에 없었는데 바티스투타는 바로 그 길을 따라 멋지게 박아넣었다. 환상적인 헤딩슛이었다.

이 경기만 놓고 보면 월드컵은 아르헨티나의 품으로 가는 것이 당연해 보였다. 아르헨티나 선수들은 힘도 개인기도 투지도 모두 초특급이었다. 베론은 빠른 볼 처리, 물 흐르듯 부드러운 몸놀림, 창의적이고 예측 불허의 침투 패스 등 정말 수준 높은 플레이를 보여주었다.

아르헨티나의 두번째 상대는 잉글랜드였다. 이 경기는 1차 라운드 전 경기 중에서 가장 관심을 끈 중요한 경기였다. 경기 내용 역시 수준 높은 명승부였다. 강팀간의 대결이란 언제나 서로 팽팽한 긴장상태를 유지한 채 약간의 틈을 번개처럼 파고드는 것이므로 골이 많이 터지지 않는다. 그래도 아르헨티나가 잉글랜드를 맞아 그들의 실력을 충분히 발휘했다고 할 수는 없을 것이다. 잉글랜드의 수비가 워낙 강력했기 때문이겠지만 아르헨티나는 마지막 패스가 연결되지 않아 매우 힘든 경기를 펼쳤다. 바티스투타는 그런 가운데서도 위협적인 플레이를 보여줬다. 그렇지만 불운했다. 결정적인 헤딩슛은 골키퍼 정면으로 갔고 위력적인 왼발 발리슛은 골대를 아슬아슬 빗나갔다.

승부는 단 한 방으로 갈렸다. 전반 44분 아르헨티나의 페널티에어리어를 침투하던 마이클 오언이 페널티킥을 얻어냈고, 데이비드 베컴이 골키퍼를 유연한 몸놀림으로 속인 후 가운데로 강하게 차넣은 것이다. 아르헨티나에겐 너무나 뼈아픈, 그리고 설성석인 한 방이었다.

아르헨티나 역시 프랑스처럼 벼랑 끝에 몰린 채 스웨덴과 마지막 경기를 가졌다. 아르헨티나는 이 경기를 무조건 이겨야 했다. 그런데 이상했다. 베론 대신 아이마르가 나온 것이다. 전반 13분 소린의 골과 다름없는 헤딩슛이 골키퍼의 기적적인 선방에 걸리면서 뭔가 일이 꼬이기 시작했다. 전반 29분에는 로페스의 왼발 발리슛이 골대를 살짝 벗어났다. 불길했다. 그래도 아르헨티나는 거센 파도처럼 스웨덴을 몰아붙였다.

그러나 너무 초조해서였을까? 미드필드를 장악한 아르헨티나의 마지막 패스가 스웨덴 수비에게 걸리고, 겨우 돌파가 성공하면 날카로운 슈팅이 아슬아슬하게 골문을 벗어나는 일이 계속됐다. 바티스투타는 후반 12분 크레스포와 교체됐다. 그리고 1분 뒤 스벤손의 프리킥이 아르헨티나의 골네트를 흔들었다. 꿈결처럼 일어난 일이었다. 조금 멀지 않을까 생각했는데 스벤손의 킥이 너무나 강하고 정확했다. 그 다음은 뭐라고 말할 수가 없다. 아르헨티나는 필사적으로 공격을 퍼부었고 스웨덴은 필사적으로 골문을 지켰다.

후반 42분 오르테가가 페널티킥을 얻어냈다. 오르테가의 페널티킥이 골키퍼의 선방에 걸렸으나 크레스포가 리바운드를 차넣어 1대 1 동점이 됐다. 그뒤로도 아르헨티나는 눈물겨울 만큼 열화와 같은 공세를 퍼부었지만 스웨덴의 골문은 다시는 열리지 않았다. 그렇게 아르헨티나마저 1차 라운드에서 탈락하고 말았다.

나는 그때 바티스투타가 흘리던 눈물을 잊을 수가 없다. 아니, 모든 아르헨티나 국민들이 흘리던 눈물을 잊을 수가 없다. 우리나라도 IMF라는 경제 위기를 겪어서일까? 극심한 경제 위기를 겪고 있는 아르헨티나 국민들의 아픔이 그대로 느껴졌다. 물론 축구를 아무리 잘한다고 해도 보통 사람들에게 밥이 나오고 빵이 나오는 게 아니란 것쯤은 나도 안다. 그래도 우리가 우리 대표팀의 기적적인 선전 덕분에 6월 한 달을 기쁘고 자랑스럽게 보냈듯이, 아르헨티나 국민들 역시 축구를 통해서나마 자부심과 용기를 얻기를 바랐었다…… 잔뜩 일그러진 얼굴로 눈물을 펑펑 흘리던 바티스투타의 모습이 지금도 머리에서 떠나질 않는다.

3. 고독한 사냥꾼 레코바, 산타크루즈와 노천명의 '사슴'

우루과이는 월드컵을 두 번이나 제패했던 전통적인 축구 강국이지만 이번 월드컵에는 호주와 플레이오프를 거친 끝에 겨우 턱걸이로 본선에 진출했다. 그래도 우루과이는 내심 믿는 구석이 있었다. 바로 '남미의 지단'이라고 불리는 레코바가 있었기 때문이다.

그는 우루과이의 프리킥과 코너킥을 모두 도맡아 찼고 우루과이의 공격 기회가 올 때마다 특유의 재빠른 몸놀림과 돌파력으로 위협적인 슈팅과 크로스를 날려댔다. 특히 프랑스와의 예선 두번째 경기에서는 날카로운 슈팅으로 프랑스의 특급 골키퍼 바르테즈의 가슴을 철렁하게 한 적이 한두 번이 아니었다. 그러나 불행하게도 그는 '고독한 사냥꾼'이었다. 그의 플레이를 받쳐줄 다른 동료들의 도움이 충분지 못했다. 그 또한 동료들에 대한 믿음이 부족해 보였다. 그만큼 그의 플레이는 자기 중심적이었고 분명한 한계가 있었다. 팀 동료를 거의 믿지 못하고 모든 걸 혼자서 해결하기 위해 이리 뛰고 저리 뛰는 레코바의 모습을 보며 나는 그가 하다못해 사냥개라도 믿게 되길 바랐다. 어느 경기든 후반 20분이 지날 즈음이면 체력이 소진되어 제대로 뛰어다니지 못하고 어슬렁어슬렁 걸어다니는 모습이 눈에 띄었다.

세네갈과의 마지막 경기에서 그는 불꽃처럼 타올랐다. 사람들은 그 경기를 보고서야 비로소 그가 왜 '남미의 지단'이라고 불리는지를 이해하는 것 같다. 그리고 그의 팬이 됐다는 사람도 적지 않다. 나도 이탈리아 리그에서 그를 다시 볼 날을 기다리고 있다. 그렇지만 이번에는 그가 동료들과 호흡을 맞춰 플레이하는 모습을 보고 싶다.

파라과이의 스트라이커 산타크루즈는 노천명 시인의 '사슴'을 생각나게 한다.

"모가지가 길어서 슬픈 짐승이여/언제나 점잖은 편 말이 없구나/관(冠)이 향기로운 너는/무척 높은 족속이었나보다/……"

산타크루즈의 훌쩍하니 커다란 키와 우수에 잠긴 듯한 눈망울도 그렇지만, 무엇보다도 그리 강하지 않은 팀의 독보적인 스트라이커로서 고군분투하는 모습이 더욱 그런 생각이 들게 하는 것 같다(게다가 유감스럽게도 그리 투쟁적인 모습이 보이지 않는 것도 운명을 한탄하며 동정심을 유발하는 듯한 '사슴'의 이미지와 비슷하다).
산타크루즈는 비교적 약체로 여겨지던 남아프리카 공화국과의 첫 경기에서 멋진 헤딩골을 성공시키며 화려하게 데뷔하는 듯했다. 그러나 파라과이는 두 골 차이로 앞서가던 경기를 따라잡혀 무승부를 기록한 뒤 험난한 길을 걸어야 했다. 스페인에게 3대 1로 질 때에는 팀의 정신적 지주인 '골 넣는 골키퍼' 칠라베르트의 실수까지 겹쳐져 절망적인 상황에 빠졌다.

그래도 파라과이는 끝까지 포기하지 않았다. 슬로베니아와의 마지막 경기에서 믿을 수 없는 투혼을 발휘하며 3대 1로 역전승, 기적적으로 16강에 진출했다. 그러나 이때 수훈을 세운 것은 산타크루즈가 아니라 두 골을 집어넣은 쿠에바스였다. 기대를 모았던 독일과의 16강전에서는 전반전 도중에 부상으로 교체됐다. 결국 그는 자기 실력을 충분히 발휘하지 못한 채 월드컵 무대를 떠나갔다.

산타크루즈는 앞으로 어디까지 성장할 수 있을까? '모가지가 길어서 슬픈 짐승'에게 가장 필요한 건 자신의 관이 강력한 무기가 될 수 있다는 걸 깨닫고 스스로 강렬한 투쟁심을 기르는 것일지도 모른다.

4. 아, 페널티킥! 이언 하트와 호아퀸

6월 11일 수원에서는 스페인과 아일랜드의 16강전 경기가 열렸다. 스페인의 경기는 언제나 매혹적이다. 이번 월드컵에서도 스페인은 라울과 모리엔테스라는 특급 스트라이커를 앞세워 막강한 공격력을 보여줬다. 아일랜드의 경기는 언제나 투지와 힘이 넘쳐흐른다. 특히 로비 킨의 폭발적인 대시와 강인한 박력, 빠른 스피드는 그가 볼을 잡을 때마다 무언가 설렘을 느끼게 한다.

경기자 시작되자 스페인이 기선을 제압했다. 전반 8분 모리엔테스가 멋진 헤딩슛을 성공시킨 것이다. 그러나 너무나 일찍 골을 넣었기 때문일까? 그뒤로는 아일랜드의 줄기찬 공격에 시달려야 했다. 그렇지만 '스페인의 홍명보' 이에로가 버티고 있는 스페인의 수비를 뚫기에는 아일랜드의 공격이 너무나 단조로워 보였다. 게다가 얼마 안 있으면 세계 최고의 골키퍼로 떠오를 것이 분명한 카시야스가 지키는 골문은 전혀 빈틈이 보이질 않았다.

후반 중반이 됐을 무렵 아일랜드에게 천금 같은 기회가 찾아왔다. 페널티킥을 얻어낸 것이다. 키커는 '왼발의 달인' 이언 하트. 매카시 감독과의 불화 때문에 로이 킨이 돌아가버린 아일랜드의 정신적 지주였다. "우리도 이런 고참 선수들이 페널티킥을 차줬어야 하는데……" 하며 아쉬워하는 순간 이언 하트의 페널티킥이 카시야스의 선방에 걸리고 말았다. 공격의 실마리를 좀처럼 풀지 못하고 있던 아일랜드로서는 하늘이 무너지는 순간이었다. 이언 하트는 그뒤로도 열심히 뛰었지만 경기가 끝나기 전 체력이 떨어져 교체됐다. 경기장을 나오며 매카시 감독과 깊게 포옹을 하는 것을 보니 안타까움이 밀려왔다. 자기에게 주어진 책임을 기꺼이 받아들였다가 실패한 사나이에게 누가 무슨 질책을 할 수 있을 것인가?

이언 하트가 물러난 뒤 나는 승부가 결정됐다고 생각했다. 그러나 아일랜드의 투지는 강렬했다. 절대로 승부를 포기하지 않고 끝까지 무섭게 몰아쳤다. 그리고 다시 한번 결정적인 기회가 왔다. 이에로가 페널티 박스 안에서 상대 공격수의 옷을 잡고 늘어진 것이다. 시간은 후반 45분. 이렇게 얻어낸 페널티킥을 로비 킨이 깨끗하게 성공시켜 다 끝난 것 같았던 경기가 원점으로 돌아갔다.

연장전에서도 아일랜드는 줄기차게 스페인의 골문을 두드렸지만 결국엔 승부차기까지 갔다. 그러나 어이없게도 아일랜드는 세 명의 키커가 실축을 하여 스페인에게 승리를 넘겨주고 말았다. 경기중에 두 개의 페널티킥을 얻어 하나만 건진 걸 생각하면 아일랜드는 그날 일곱 개의 페널티킥 중에 단 세 개만 성공시킨 것이다(그것도 두 개는 로비 킨이 혼자서 넣었다). 그렇지만 아일랜드 선수들은 의연했다. 페널티킥을 실축한 선수들을 서로 위로하고 감싸줬으며, 승부가 결정된 뒤에도 잠시 드러누웠다가 일어나 열광적인 응원을 보내던 아일랜드 응원단에 당당한 모습으로 인사를 하고 고개를 들고 경기장을 빠져나갔다. 당당하고 의연한 패자의 모습이었다. 물론 그중엔 이언 하트의 모습도 끼어 있었다.

  스페인은 아일랜드와 승부차기에서 승리를 거두어 8강에 올랐다. 행운이었다. 그런데 다음 상대가 하필이면 우리나라라는 것은 불운이었다. 스페인과 우리나라의 경기는 정말 숨막히는 경기였다. 그러나 이탈리아와의 16강전에서 117분을 뛰며 2002 한일 월드컵 최고의 명승무를 이끌어낸 우리 선수들은 이미 너무 지쳐 있었다. 스페인은 모리엔테스를 선봉으로 하여 끊임없이 우리 문전을 괴롭혔다. 특히 오른쪽 공격을 맡은 호아퀸은 정말 위협적이었다. 빠른 스피드, 현란한 개인기, 정교한 패스…… 도대체 그 친구 때문에 정신이 하나도 없었다.
  그러나 스페인에는 운이 따르지 않았다(그들이 가졌던 기회를 모조리 살렸더라면 적어도 두세 골은 허용했을 것이다). 120분의 처절한 사투가 끝난 뒤에도 스코어는 0대 0이었다. 결국 승부차기로 4강 진출 팀을 결정해야 했다. 우리는 황선홍, 박지성, 설기현, 안정환이 차례로 골을 성공시켰다. 스페인도 처음 세 선수가 모두 골을 성공시켰다. 스페인의 네번째 키커는 바로 경기 내내 우리 수비진을 헤집고 다니던 호아퀸. 그러나 '승부의 신'은 도대체 무슨 마음을 먹고 있었던 걸까? 호아퀸의 킥은 이운재의 멋진 다이빙에 걸렸다. 홍명보의 마지막 킥이 골네트를 흔드는 순간 모리엔테스는 그만 울음을 터뜨리고 말았다.

경기가 끝난 뒤 호아퀸은 "정말 자신이 있었다"고 했다. 나는 (비록 실패하긴 했지만) 이렇게 결연히 책임을 지려는 태도가 매우 인상적이었다. 그는 이번 월드컵에서는 운이 따르지 않았지만 다음 월드컵에서는 세계적인 스타로서 맹활약을 할 것이다.

5. 진정한 스포츠맨 예지 두덱

이번 월드컵에서 우리나라는 폴란드, 포르투갈, 이탈리아, 스페인 등 세계적인 강호들을 연파하며 '월드컵 4강'에 진출하는 기적을 이루어냈다. 특히 이탈리아와 벌인 16강전은 2002년 한·일 월드컵 최고의 흥미진진하고 박진감 넘치는 경기였다. 앞으로도 그렇게 극적이며 황홀한 경기는 다시 볼 수 없을 것이다.

그럼 이번 월드컵에서 내게 가장 깊은 인상을 남긴 선수는 누구일까? 물론 우리나라 대표선수들 23명 모두가 내겐 평생 잊을 수 없는 멋진 추억으로 기억될 것이다. 그러나 우리나라 선수들을 제외하고 한 명을 꼽으라면 나는 서슴없이 폴란드의 골키퍼 예지 두덱을 꼽는다.

우리나라가 역사적인 '월드컵 첫 승리'를 기록했던 2002년 6월 4일, 그날 부산 월드컵 경기장은 경기 시작 훨씬 전부터 붉은 물결로 가득 차 있었다. 그렇게 압도적이고 열광적인 분위기는 다시 겪어보기 어려울 것이다. 그러나 한편으로는 마치 그 경기 하나에 대한민국 축구의 사활이 걸린 것처럼 비장하고 숨막히는 분위기도 강했다. 양팀 선수들이 막 입장하려는 순간 나는 경기를 기다리는 것이 아니라 '전쟁'을 기다리는 듯한 기분이었다. 그런데 폴란드의 골키퍼 두덱이 우리의 수문장 이운재의 어깨를 감싸안고 나오는 장면이 눈에 들어왔다. 나는 그때서야 제정신이 들며 내가 지금 '전쟁'이 아니라 '축구경기'를 보러 왔다는 것을 깨달았고, (우리가 무조건 이기는 것이 아니라) 두 팀이 힘을 합쳐(?) 온 세계 축구 팬들이 두고 두고 기억할 만한 멋진 경기를 펼치기를 바라는 마음이 됐다.

유럽 최고의 골키퍼로 꼽히던 두덱이 이번 월드컵에서 보여준 성적은 초라하다. 우리나라에게 두 골, 포르투갈에게는 무려 네 골을 허용했으며 미국과의 마지막 경기에서는 아예 기용되지도 않았다. 그에게는 이번 월드컵이 분명 실패였을 것이다. 그러나 그는 포르투갈과의 경기가 끝난 뒤에도 해트트릭을 기록한 상대 공격수 파울레타를 칭찬하는 여유를 잃지 않았다. 그는 비록 승부에서는 패배했지만 우리 모두에게 진정한 스포츠맨이란 무엇인지, 월드컵에서의 승부란 어떤 것인지를 가르쳐준 것이다. 이렇게 잔잔하고 따뜻한 감동을 선사해준 두덱에게 가슴 깊은 곳으로부터 감사의 마음을 전하고 싶다.

(2002)

3부

농구대통령 허재

우리들의 일그러진 영웅

1. 순환공식

나는 드디어 그의 모습을 보고야 말았다. 지난 며칠 동안 애써 TV를 외면했던 것은 바로 이런 일을 마주치기 싫어서였는데 그만 그의 모습을 보고 만 것이다. 스포츠신문에 큼지막하게 난 사진 속의 그는 모자가 달린 운동복 차림에 오랏줄로 꽁꽁 묶여 있었다. 무면허 음주운전에 뺑소니, 그리고 친구에게 자신의 죄를 뒤집어씌운 파렴치범…… 나의 우상 '농구 천재' 허재, 그가 거기에 그렇게 있었다.

오래 전 나는 스포츠를 주제로 한 『축구공 위의 수학자』란 책을 냈다. 거의 허재가 주인공이나 다름없는 그 책에서 나는 허재를 둘러싼 다음과 같은 '순환공식'을 언급한 적이 있다.

반항아 허재, 무절제한 생활로 말썽 → 충격! 허재, 징계받다 → 허재, 자숙과 반성의 나날들 → 허재, 백의종군 복귀. 아픔만큼 성숙해지고 → 역

시 농구 천재. 허재, 환상의 맹활약

1996년 아틀랜타 올림픽이 끝나고 '생일집 잔치' 사건 때문에 그가 6개월 출장정지라는 중징계를 받았을 때에도 나는 위와 같은 순환공식을 내세우며 농구대잔치 개막에 맞춰 그에 대한 징계가 해제될 것이라는 확신에 찬 예언을 했었다. 우리나라 농구대표팀이 아틀랜타 올림픽에서 전패를 당하는 치욕적인 성적을 낸 것은 서장훈을 대표팀에서 제외했을 때부터 예정된 수순이었으며 허재, 정재근, 현주엽이 걸려든 '생일집 잔치' 사건은 우리나라 스포츠의 현주소는 알지도 못하면서 괜히 세계 5위니 뭐니 하며 국민들 가슴에 잔뜩 바람을 불어넣었다가 쥐구멍을 찾게 된 언론이 운 좋게 찾아낸 제물이었을 뿐이기 때문이다. 실제로 그는 3개월 만에 징계가 해제되었고, 전국체전 때는 '자숙'의 모습을 보여주기 위해 벤치에 앉아 있기는 했지만 매우 의욕적인 모습으로 올해로 마지막이 될 농구대잔치를 준비하고 있었다.

그런데 바로 그때 이 사건이 터졌다. 마침 '신은경 파동' 과 맞물려 "허재를 절대로 용서해서는 안 된다"는 여론이 들끓었고, 기아자동차팀은 그에게 자체 징계를 내려 그의 농구생명은 끝난 것처럼 보였다. 그리고 해가 바뀌었다. 그가 없는 기아자동차팀은 끝없이 추락하여 전패의 늪에서 허우적거리다 농구대잔치 꼴찌를 기록했고, 그는 얼마 전 보석으로 풀려난 뒤 집행유예 선고를 받았다. 기아자동차 팀은 이 기회에 세대교체를 단행할 것이라는 소문도 있다. 과연

'농구 천재' 허재의 농구생명은 이제 끝난 것일까.

정답은 '아니다'이다. 마치 일정한 주기가 있는 것처럼 끊임없이 말썽을 일으키는 허재 자신도, 무슨 일이든지 금방 뜨겁게 달아올랐다가 식어버리곤 하는, 유난히 가볍고 변덕스러운 우리의 농구문화도 변한 것이 없는데, 그를 둘러싼 '순환공식'이 깨질 이유가 어디 있겠는가. 앞으로 우리는 '추락하는 기아, 날개가 없다' 따위의 신문기사를 보며 '역시 허재'라는 생각으로 세뇌될 것이고, 그는 당분간 소위 '자숙의 시간'을 가질 테지만, 프로농구가 개막될 때쯤이면 우리는 "돌아온 농구 천재, 백의종군 어쩌구……" 하는 스포츠신문 기사를 다시 보게 될 것이다.

농구선수는 농구를 잘하면 된다. 따라서 '무절제한 사생활' 같은 이유로 농구선수로서의 자격을 제한하는 것은 잘못이다. 음주운전은 다른 사람들의 생명을 위협하는 범죄행위이며, 뺑소니는 더욱 비열한 범죄이긴 하지만, 이미 그에 대한 사법적 판결이 내려진 이상 그가 코트로 돌아오는 것을 말릴 근거도 없다. 그러나 나는 이제는 우리도, 허재 자신도 그를 둘러싼 '순환공식'의 고리를 끊어야 한다고 생각한다. 그가 없는 농구대잔치가 생기를 잃더라도, 그가 없는 프로농구 원년이 용병들만의 잔치가 되더라도, 이번만큼은 그가 자신의 행위에 대한 대가를 충분히 치러야 하며, 우리 역시 그때까지 기다려야 한다. 그것만이 농구라는 스포츠의 신성한 가치를 지키면서 '농구 천재' 허재와 농구 팬들의 거리를 다시 가깝게 할 수 있는 유일한 방법이며, 허재 역시 그런 후에야 비로소 고개를 들 수 있기 때문이다.

2. 파울로 로시

이탈리아 하면 브라질, 독일, 영국, 아르헨티나 등과 함께 세계 축구 최강국의 하나로 항상 손꼽히는 팀이다. 1930년과 1934년 연속으로 월드컵을 제패했던 이탈리아는 그러나 그뒤로는 1966년 런던 월드컵에서 북한에게 1대 0으로 패하여 예선 탈락하는 수모를 겪는 등, 1970년 멕시코 월드컵에서 브라질에 이어 준우승을 차지한 것을 제외하고는 이렇다 할 성적을 내지 못했다.

1982년 스페인 월드컵에서도 이탈리아는 예선 성적 3무승부(2득점)로 간신히 2차 리그에 진출하는 부진을 보였다. 그리고 2차 리그에서 이탈리아는 마라도나가 이끄는 아르헨티나와 소크라테스, 지코 등 막강한 멤버를 자랑하는 브라질과 한 조에 속하게 되었다. 가뜩이나 예선리그 경기 내용이 좋지 않은 이탈리아로서는 엎친 데 덮친 격의 불운이었다. 그러나 아르헨티나와의 2차 리그 첫 경기에서 이탈리아는 예상을 뒤엎고 아르헨티나를 2대 1로 제압했다. 수비수 클라우디오 젠틸레가 90분 내내 지저분한 반칙으로 아르헨티나의 축구 신동 디에고 마라도나를 꽁꽁 묶어놓은 것이 주효했겠지만, 어쨌거나 지난 세 게임에서 두 골밖에 넣지 못했던 팀이 한 게임에서 두 골을 기록한 것은 공격력이 살아나는 것이 아닐까 기대할 만했다.

준결승전 진출권이 걸려 있는 브라질과의 2차 리그 마지막 경기를 앞두고 이탈리아 감독 베아르조트는 고민에 빠졌다. 센터 포워드로 줄곧 기용되어온 파울로 로시가 아직까지 한 골도 기록하지 못하는 부진을 보이고 있었기 때문이다. 4년 전 아르헨티나 월드컵에서 부드럽고 재빠른 플레이로 세계 축구 팬들의 주목을 받기 시작한 로시는 그 대회에서의 활약으로 '파블리또' 라는 애칭으로 불리며 새로운 스타로 떠올랐었다. 그러나 그뒤 그의 운명은 그렇게 순탄하지 못했다. 이탈리아 국내 리그의 승부 조작 사건에 연루된 혐의로 2년간 선수자격을 박탈당하는 시련을 겪은 것이다. "골이 있는 곳에 그가 있다"는 평을 들을 정도로 동물적인 골감각을 자랑하던 그였지만, 절정의 기량을 보여주던 시기에 2년 동안이나 그라운드를 떠나 있어야 했고, 징계가 풀린 것은 스페인 월드컵이 시작하기 바로 두 달 전이었다. 그 동안의 부진은 그의 기량이 혹시 그라운드를 떠나 있던 동안 '녹이 슨' 것은 아닐까 하는 의문을 갖게 했다.

어쨌든 그 외에 별로 뚜렷한 대안이 없던 이탈리아의 베아르조트 감독은 그에게 한번 더 기회를 주기로 했다. 그리고 그것은 눈부신 성공으로 나타났다. 브라질과의 경기에서 로시는 환상적인 골감각을 보여주며 해트트릭을 기록, 이탈리아가 브라질을 3대 2로 격파하는 데 수훈을 세운 것이다. 로시는 그뒤 폴란드와의 준결승전에서 두 골, 그리고 서독과의 결승전에서는 선제골을 기록하는 등 3게임 연속 6득점을 기록, 최우수 선수와 득점왕의 타이틀을 동시에 차지하며 세계 최고의 스타로 떠올랐다.

그러나 앞에서도 말했듯이 그가 그렇게 화려하게 복귀하기까지 그는 자신의 행위에 대해 응분의 책임을 져야 했던 것이다. 나는 절정기에 있던 이탈리아 최고의 골잡이에게 과감하게 자격정지처분을 내린 이탈리아 축구협회의 결정이 이탈리아 축구의 청결성을 위해서도, 그리고 파울로 로시 자신을 위해서도 올바른 결정이었다고 생각한다. 자신의 실수에 대해 응분의 대가를 치름으로써 그는 과거의 멍에서 벗어날 수 있었고, 스페인 월드컵에서의 맹활약으로 이탈리아 축구 팬들의 사랑을 다시 차지할 수 있었기 때문이다.

3. 피트 로즈

미국 프로야구 사상 가장 뛰어난 타자라면 아무래도 사람들은 타이 캅을 꼽는다. 그의 생애 통산 타율 3할 6푼 7리와 4191개의 안타는 누구도 깰 수 없는 불멸의 기록으로 여겨져왔다. 그러나 1985년 신시내티 레즈의 피트 로즈가 그 위대한 기록을 깨뜨리는 기적을 이루었다. 불혹의 나이에 접어들면서 신시내티 레즈 팀의 플레잉 코치로 활약하던 피트 로즈는 불멸의 기록으로 인식되던 타이 캅의 기록을 깨뜨리고, 1986년 '안타 4256개'라는 위대한 기록을 남기고 은퇴했다.

그러나 이렇게 위대한 업적을 이룬 피트 로즈가 미국 야구계에서 영원히 추방당하는 일이 벌어졌다. 자신이 감독으로 있던 신시내티 레즈 팀의 경기에 그가 돈을 걸고 도박을 한 사실이 알려진 것이다. 물론 그는 그의 팀이 이기는 쪽에 돈을 걸었다고 한다. 만일 지는 쪽에 돈을 걸었다면 그의 행동은 사기와 마찬가지이므로 더욱더 커다란 비난을 받았을 것이다. 혹시 어떤 사람들은 피트 로즈가 이기는 쪽에 내기를 건 것은 어떻게 생각하면 그만큼 승리에 대한 자신감과 집착으로 볼 수도 있는 것이니 그리 잘못될 것이 없는 것 아니냐고 생각할지도 모르겠다. 그러나 투수의 역할이 다른 무엇보다도 중요한 야구경기에서 감독이 이러한 도박에 연루되게 되면 선발투수 기용에 변칙적인 무리가 따르는 등 갖가지 비열한 작태가 벌어지기 쉽다. 더욱이 마피아와 관계된 승부조작사태로 복싱 등 여러 프로 스포츠가 커다란 홍역을 치른 바 있는 미국으로서는 프로야구의 도덕성을 지키기 위해서라도 감독은 물론 선수들도 야구 경기에 관련된 어떠한 형태의 도박도 허용하지 않는 것이다.

이 사건으로 미국 야구계는 커다란 소용돌이에 휩싸였다. 스포츠맨으로서 용서받을 수 없는 행동을 했으니 당연히 야구계에서 추방해야 한다는 의견과 그 사건이 매우 추악한 일이기는 하지만 피트 로즈가 이룬 위대한 입직을 생각해서 그를 야구계에서 영원히 추방하는 일은 너무 과하다는 의견으로 갈려 연일 논란을 벌였다. 물론 일반 야구 팬들 사이에는 피트 로즈에 동정적인 분위기도 적지 않았다. 어쨌든 그는 팬들로부터 사랑받는 스타였던 것이다.

그렇지만 당시 미국 프로야구 커미셔너였던 안드레이 지아마티 박사의 생각은 단호했다. 미국 프로야구의 청결성을 유지하기 위해서는 아무리 위대한 선수라도 용서할 수 없다는 것이었다. 지아마티 박사는 그 직전까지 예일 대학교의 총장을 지냈던 존경받던 학자였다. 그의 정직하고 고결한 인격은 미국 대학교의 총장이라면 여기저기서 돈을 긁어모으기에 바쁜 소위 '경영자 총장'이라는 이미지가 강하게 박혀 있던 나에게는 중요한 일깨움이었고, 역시 대학에는 대학 나름대로의 순수성을 지키려는 노력과 의지가 흔히 얘기하는 발전이라는 이름 아래 겉모양만 키우려는 시정잡배식의 발상보다 훨씬 더 중요하다는 것을 깊이 인식하게 했었다. 지아마티 박사는 빗발치는 듯한 팬들의 여론에도 불구하고 한결같은 태도를 견지했다. 옳고 그른 것을 뒤바꿀 수는 없다는 것이었다.

결국 피트 로즈는 야구계에서 추방당했고, 설상가상으로 탈세 혐의로 감옥에까지 가는 곤욕을 치루었다. 그는 현재까지도 '명예의 전당'에 헌액되지 못하고 있다. 그리고 내가 만난 미국 젊은이들은 대부분 (그들 대부분이 수학자들이라 그렇기도 하겠지만) 지아마티 박사의 결정이 올바른 것이었다는 데에 동의하고 있다. 그 덕분에 미국 프로야구는 국민 전체에게 꿈을 주는 사랑받는 스포츠로서 남아 있을 수 있었고, '명예의 전당'의 명예 또한 깨끗하게 보존되었던 것이다.

4. 곧 돌아올 '농구 천재'를 위하여

사람들은 내게 얘기한다. 허재가 주인공이나 다름없는 책까지 낸 내가 허재의 구명운동에 나서야 하지 않겠느냐고. 나는 그 말 속에 숨어 있는 야유와 조소, 그리고 허재라는 '농구 천재'에 대한 애증을 읽는다. 그러나 누구보다도 그를 사랑한다고 자부하는 나는 그의 구명운동에 반대한다. 그에 대한 애정과 존경의 마음이 남들보다 적어서가 아니라 반대로 그를 아끼는 마음이, 또 그가 보여준 환상적인 플레이에 대한 감동이 너무나도 크기 때문에 그가 조기에 코트에 돌아오는 것을 반대하는 것이다. 만일 그가 자신의 행위에 대한 책임을 지는 모습을 보여주지 못한 채 농구 코트에 복귀한다면, 이제 허재와 농구 팬들의 거리는 영원히 좁혀질 수 없을 것이다. 그가 그동안 이룩한 우리나라 농구 역사상 너무나도 위대한 여러 가지 업적에도 불구하고, 그는 끝까지 이기적이고 파렴치하며 비겁한 선수로 낙인찍힌 채 팬들에게 외면당할 것이다(그리고 팬들 또한 그를 외면해야 한다).

  나는 그가 하루빨리 농구 코트에 다시 서려고 조급해할 것이 아니라 지금의 시간을 자기 자신의 인생을 진지하게 돌아볼 수 있는 소중한 기회로 활용할 것을 감히 충고한다. 프로 스포츠가 활짝 꽃핀 미국에서도 수많은 스타들이 약물중독에 빠지고 심지어는 목숨을 잃기까지 하는 것은 그들이 엄청난 세속적 성공을 담아낼 수 있는 인간으로서의 그릇을 키우지 못했기 때문이다. 인생의 절정이 비교적 젊은 나이에 찾아오게 마련인 모든 운동선수들에게 이것은 반드시 극복해야 할 운명이며, 허재 역시 예외가 아니다.

(1997)

박제가 되어버린 '농구 천재',
날개를 달 수 있을 것인가?

　벌써 3쿼터 중반. '농구 천재' 허재는 오늘도 벤치에 앉아 있다. 강동희, 김영만은 펄펄 날고 있고, 이훈재도 5반칙 퇴장당하려면 멀었다. 나래는 오늘따라 힘이 부쳐 보인다. 정인교와 윌리포드가 분전하지만 승부는 이미 기울어졌다. 허재는 오늘도 끝까지 기용되지 않을 것이다. 정규리그 때 부진했던 허재는 플레이오프가 시작되면서 분발하는 듯했지만, 기아 벤치는 오히려 허재가 나오면 지고, 허재가 안 나오면 이기는 기이한(?) 현상에 돌아버릴 지경이었다. 이럴 때 계속해서 허재를 기용할 '또라이 감독'이 이 세상 어디에 있겠는가. 나는 그만 TV를 끄고 말았다. 내 두 눈으로 똑똑히 보고 있는 사실을 도저히 믿을 수 없었기 때문이다.

　'단지 남자라는 이유만으로' 기아의 팬클럽인 '열녀문'의 회원이 되지 못하는 것을 한탄해왔던 나는 이제야 내 마음속의 비밀을 알게 되었다. 바로 작년까지 목이 터져라 응원해왔던 강동희, 김영만은 물론이고, 내가 평소에 기라성 같은 스타들 틈에서도 자신의 색깔을 뚜렷이 드러낸 모범적인 선수로 찬양해 마지않던 이훈재까지도 차라리 5반칙 퇴장당해서 그저 허재가 뛸 수 있게 되기만을 바라는 내 한심스러운 모습을 보며, 나는 그 동안 기아자동차를 응원했던 게 아니라 단지 허재를 응원했을 뿐이라는 것을 비로소 깨닫게 된 것이다. '우상숭배'란 이래서 위험하다는 것인가.

한동안 멍하니 창 밖을 바라보다 다시 TV를 켜니 경기는 거의 끝날 무렵이다. 허재는 아직도 벤치에 앉아 있고, 관중들은 "허재! 허재!"를 연호한다. 무슨 뜻일까, 씨익 웃음을 보이는 허재. 드디어 경기 종료 휘슬이 울리고, 기아는 우리나라 프로농구 원년 무대 정상에 올랐다. 어느 외국인 선수 못지않은 눈부신 활약을 벌여 올 시즌을 생애 최고의 무대로 장식한 강동희가 클로즈업된다. 김유택, 김영만, 이훈재, 클리프 리드, 윌커슨 등 기아 우승의 주역들이 땀에 진 유니폼 차림으로 환호하는 가운데 트레이닝복을 벗을 기회도 갖지 못한 허재의 모습은 어느 곳에서도 찾아볼 수 없다.

사실 올해 프로농구 챔피언 결정전은 한 편의 감동적인 드라마였다. 그 동안 허재의 그늘에 가려 항상 2인자였던 강동희가 생애 최고의 활약을 펼치며 정규리그와 플레이오프 MVP를 휩쓴 것, 기라성 같은 동료 선수들 틈에서 찰거머리 같은 수비 하나로 자신의 자리를 확고히 한 이훈재의 인간 승리, 그리고 산업은행 시절 뛰어난 실력에도 불구하고 자신보다 훨씬 실력이 처지는 후배들이 '오빠 부대'들을 몰고 다니는 것을 지켜보기만 해야 했던 정인교의 스타 탄생

등 농구 팬들의 가슴을 따뜻하게 해주는 아름다운 화제가 풍성했다. 그러나 그게 다 무슨 상관이란 말인가. 나의 우상 허재는 몰락해버렸는데……

허재의 몰락은 이미 작년 11월 말의 음주운전 파동 때부터 예견된 일이었다. 공교롭게도 '신은경 파동'과 맞물려 진행된 사건의 전개과정이야 더이상 얘기할 것도 없지만, 친구가 죄를 대신 뒤집어쓰고 허재 자신은 빠지려 했던, 전혀 '허재답지 않은' 그 사건은 그를 숭배하던 많은 농구 팬들을 배신감에 떨게 했다. 허재 또한 이때 입은 정신적 상처가 긴 후유증을 남겼을 것이다.

프로농구가 시작되자 허재는 그 동안의 훈련 공백에도 불구하고 처음 몇 게임 동안은 '농구 9단'의 실력을 보여주는 듯했다. 허재가 '농구 9단'인 까닭은 그가 폭발적인 공격력뿐 아니라 견고한 수비와 뛰어난 리바운드 능력을 갖추었다는 데 있다. 그러나 수비는 체력이 받쳐줘야 한다. 허재는 시간이 갈수록 체력이 달리는 기색을 보이면서 공격에만 신경을 쓰고 수비는 소홀히 하는 것이 눈에 띄었다. 결국 기아의 코칭 스태프는 허재의 공격은 김영만이, 수비는 이훈재가 대신하는 카드를 쓰며 허재를 벤치로 불러들였다. 어떤 사람들은 기아 벤치의 '허재 길들이기'라고 얘기하지만 냉정하게 생각하면 허재 본인의 자업자득인 셈이다.

프로농구 결승전이 끝난 후 무려 20여 일 동안이나 낚시를 떠나 참담한 가슴을 끌어안고 앞길을 모색하던 허재는 지난 5월 23일 기자회견을 통해 '폭탄선언'을 했다. 기아구단에 트레이드를 요청한 것이다. 조용필은 노래를 잘하면 되고, 허재는 농구를 잘하면 된다. 이것이 바로 허재가 지금까지 그 수많은 말썽과 사고에도 불구하고 기아의 간판으로 군림해온 이유다. 누가 뭐래도 그는 우리나라 최고의 농구선수였기 때문이다. 그런데 이젠 우리나라 최고는커녕 소속팀에서도 벤치에 앉는 신세로 전락하고 말았다. 그것도 그 이전처럼 농구 이외의 사고 때문이 아니라 바로 그의 농구 실력 때문이었다. 이제 그가 기아에서 자기 자리를 다시 찾는다는 것은 강동희가 다시 2인자가 되야 한다는 것, 이훈재가 다시 그늘로 숨어야 한다는 것, 그리고 기아 벤치가 다시 허재에 의해 휘둘려진다는 것을 뜻한다. 허재로선 트레이드 요구 말고는 다른 선택이 없었을 것이다.

　허재가 기아를 떠나 새로운 팀으로 이적하는 것은 농구 팬들에겐 반가운 일이다. 허재가 새로운 선택을 할 때면, 그는 언제나 더욱 멋진 플레이로 농구 팬들을 매료시켰다. 그가 용산고를 졸업하고 중앙대를 선택했을 때처럼, 그리고 그가 중앙대를 졸업하고 기아자동차를 선택했을 때처럼, 허재가 그의 기량을 필요로 하는 다른 팀으로 이적하여 그 특유의 '지기 싫어하는 성질'을 발휘한다면 농구 팬들은 새로운 멋진 승부를 즐길 수 있게 될 것이다.

　그러나 허재의 트레이드 여부는 사실 '구단 맘대로'이다. 허재가 선수로서 트레이드를 요구할 수는 있다. 그래도 구단이 거부하면 그만이다. 미국 프로야구에서도 6년이 지나야만 자유계약선수로 풀어준다. 허재의 계약서엔 5년이란 기간이 명시되어 있고, 만일 허재가 고집을 부린다 해도 구단에서 임의탈퇴 선수로 공시하면 그걸로 끝이다. 법적으로, 논리적으로 그렇다는 얘기다. 게다가 그 동안 허재를 여러 가지로 감싸주었다고 생각하는 기아구단은 허재의 '여론 몰이' 식 기자회견에 배신감을 느꼈을 것이다. 허재 본인도 감정적으로 구단에 대항해봐야 문제가 해결되지 않는다는 것을 잘 알고 있다.

우리나라 사람들이 논쟁하는 모습을 잘 관찰해보면 재미있는 현상을 발견할 수 있다. 갑이라는 사람이 A라는 의견을 주장한다. 을이라는 사람은 B라는 의견을 주장한다. 둘은 서로 자기 주장이 옳다는 것을 증명하기 위해 여러 가지 엉뚱한 근거를 댄다(그 대표적인 것이 어처구니없게도 "신문에도 나왔다"이다). 그러다가 어느 한 사람이 그만 반말을 내뱉고 만다. 그 다음부터는 걷잡을 수 없다. 갑과 을이 처음에 주장하던 A와 B의 시비는 온데간데없어지고, "왜 반말이냐" "네가 나한테 그럴 수 있느냐" "인간적인 배신감을 느낀다" "사과하라" "유감이라도 표시하라" "버르장머리를 고쳐놓겠다" 등으로 이어지는 원초적인 감정싸움만 남는다. 그렇다고 끝까지 그렇게 싸우는 것도 아니다. 현실적인 이해타산 문제가 걸리면 그 동안의 '거룩한' 대의명분도, "니 죽고 나 죽자" 식의 감성내림도 서난지 밀려나고 지극히 저열한 수준의 '대타협'으로 결말이 지어진다('용공주의자' 김대중과 '유신본당' 김종필의 DJP 연합을 보라). 이런 현실에서 허재 트레이드의 타당성을 논리적으로 검증하려는 시도는 그저 새로운 '공해물질'을 첨가하는 것일 뿐이다.

허재의 트레이드 문제는 오히려 '의외의 변수'를 통해 실마리가 풀릴 것이다. 미아리 족집게 도사님 흉내를 내서 '구체적으로 두루

뭉술하게' 말하자면 올해 '허동택 트리오'의 연봉의 합이 이미 3억 4천만원이었으며 각 구단의 샐러리캡은 10억원이라는 사실을 지적하고 싶다. '허동택 트리오' 중에서 올해 프로농구 무대 최고의 스타로 발돋움한 강동희의 연봉은 대폭 인상하지 않을 수 없고, 새로운 자리에 적응하여 분전한 김유택 역시 연봉 인상요인이 충분하다. 여기에다 기아 우승에 결정적인 공헌을 한 김영만과 이훈재의 연봉 인상분을 감안하면 '의외의 변수'의 내용을 이해할 수 있을 것이다(이것보다도 더 자세한 이야기를 듣고 싶다면 복채를 왕창 더 내셔야 한다).

그의 트레이드 문제가 어떻게 풀려나가든 허재에겐 지금이 그의 인생에서 가장 힘들고 괴로운 순간일 것이다. 뺑소니 음주운전 파동의 여파가 남아 있는데다가 프로 무대에서의 부진이 겹쳐 팬들의 눈길이 아직도 차가운 지금, 인터뷰를 하기 위해 만난 허재는 도시의 삶에 적응하지 못한 초원의 사자의 모습이었다. 도시의 삶에 상처입고 지친, 그래서 외롭고 쓸쓸한 초원의 왕자. 그러나 그의 눈빛만은 '농구 천재'의 위용과 자존심을 회복하겠다는 오기와 투지로 으르렁거리고 있었다. 박제가 되어버린 '농구 천재' 허재. 그는 다시 날개를 펴고 날아오를 수 있을 것인가?

나는 지금도 지난 1973년 봄 '아시아의 표범' 이회택의 모습을 기억한다. 1972년 뮌헨 올림픽 본선 진출 실패의 책임을 지고 대표팀에서 물러나 야인으로 방황하던 이회택은 1973년 봄 대통령배 전국축구선수권대회 결승전에 홀연히 나타나 오른쪽 미드필드에서 날아온 볼을 하늘 높이 솟구쳐올려 가슴으로 트래핑한 뒤 공중에 떠 있는 채로 몸을 틀어 오른발 발리 터닝슛으로 차넣으며 화려하게 복귀했었다(그 골은 한국 축구 사상 가장 아름다운 골이었다). 나는 허재가 그렇게 무지개처럼 아름다운 모습으로 코트에 다시 돌아올 것을 믿어 의심치 않는다. 이것이 바로 '허재 숭배'라는 이단 신앙에 깊이 빠져 있는 수많은 농구 팬들의 믿음이며 바람이다.

(1997)

* 이 글은 내가 쓴 글 중 제일 좋아하는 글 중의 하나이다. 나에겐 허재가 제일 어려울 때 그의 지지자로서 그와 함께 있었다는 자부심이 있다.

허재 인터뷰―그게 다 눈물이었다

강석진 프로농구 챔피언 결정전 5차전에서 단 1분도 뛰지 못하고 벤치에 앉아만 있었는데 경기가 끝날 무렵 관중들이 "허재! 허재!"를 연호할 때 기분이 어땠습니까?

허 재 겉으론 웃고 있었지만 그게 다 눈물이었죠. 제 농구 인생이 모두 허망하게 느껴질 만큼 참담한 심정이었습니다.

강석진 드라마 〈모래시계〉의 '태수'는 누가 뭐래도 후배들에게는 영웅이었습니다. 허재 선수 역시 선배들에게는 건방지게 보일지 몰라도 직선적이고 호탕한 성격에 강렬한 카리스마가 있어서 후배들에게 인기가 많을 것 같은데 프로농구 결승전이 끝난 뒤 악수를 건네는 후배가 아무도 없어서 비애를 느꼈다니 평소 후배 관리에 문제가 있었던 건 아닙니까?

허 재 저도 그게 의문이에요. 제가 후배들에게 그렇게 모질게 대했나 돌이켜보았습니다. 나름대로는 후배들을 매우 아껴주었다고 생각했는데 솔직히 섭섭했죠. 동료들이 우승을 자축하는 모습을 혼자 동떨어져서 바라보는 아픔은 아무도 모를 거예요.

강석진 작년 11월의 음주운전 뺑소니 사건은 '허재답지 않다' 는 느낌입니다. 유난히 술 때문에 사건이 많은데 혹시 알코올중독은 아닙니까?

허 재 제가 술 마시고 면허증도 없이 운전을 한 것은 정말 잘못한 일이지만 뺑소니는 아니었어요. 피해자를 병원에 데려가 치료받게 해주고 합의까지 했는데 어떻게 뺑소니입니까? 시기가 안 좋았을 뿐이죠. 그리고 제가 술을 좋아하긴 하지만 알코올중독이라는 건 너무하죠. 대한민국 운동선수들을 모두 일렬로 세워놓고 "여기서 술 마시지 않는 사람 나와보라"고 해보세요. 몇명이나 나오겠어요? 제가 다른 선수들보다 특별히 많이 마시는 것도 아닌데, 조금 더 얼굴이 알려진 탓에 소문이 잘 퍼지고 와전되는 거라고 봅니다.

강석진 프로농구가 시작된 이후 처음 몇 게임은 허재 선수가 제 기량을 보여줬다고 보는데 시간이 갈수록 부진했던 것은 겨울 동안 훈련 부족으로 인한 체력저하 때문인가요? 특히 공격만 욕심내고 수비를 안 해서 허재 선수가 나오면 기아가 지고 안 나오면 이긴다는 말까지 있었는데……

허 재 체력은 문제가 없었습니다. 제가 원래부터 교체 멤버로 뛰던 선수가 아니고 풀 타임을 뛰던 선순데 갑자기 들락날락하니까 적응하는 데 어려웠던 것뿐이죠. 몸 풀릴 만하면 들어오라는데요, 뭘. 수비는 어차피 중앙 부분은 돌파당해봐야 외국인 선수들한테 막힐 테니까 조금 느슨하게 했던 건 사실입니다. 그렇지만 이훈재 선수 같은 수비전문 선수가 아니면 다 그렇게 했었죠. 제가 욕심이 많다고 하는데 그건 지기 싫어하는 승부근성으로 봐주셨으면 좋겠습니다.

강석진 허재 선수는 '오빠 부대'를 몰고 다니는 선수의 원조라고 할 수 있는데 요즘 인기는 전과 비교해서 어떻습니까? 한때는 최진실 다음으로 가장 인기가 높은 유명인이라고들 했었는데……

허 재 "허재는 오빠 부대가 없다"고들 하는데, 결혼도 하고 애들도 있는 제가 '오빠 부대'를 몰고 다니면 그것도 문제 아녜요? 오빠 부대보다 연령층이 좀 높아서 그렇지 저를 좋아하시는 분들은 여전히 많은 것 같아요. 이분들은 제가 고등학생 시절부터 좋아하는 진짜 골수 팬들이죠. '오빠 부대'들은 사실 농구는 잘 모르면서 어느 선수의 이미지만 좋아하는 거잖아요.

강석진 기아구단에 트레이드를 요구한 배경은 무엇입니까? 구단 측에서는 "아직도 정신을 못 차리고 배은망덕한 행동을 한다"고 반대의사를 분명히 하고 있는데 이적이 가능하리라고 생각하십니까?

허 재 모든 게 회사 마음먹기에 달린 거죠. "기아의 간판은 허재 아니냐?" 하는데 이젠 다 지나간 얘기 아닌가요? 벤치를 지키는 간판이 이 세상 어디에 있습니까? 저도 은혜를 모르는 놈은 아녜요. 프로농구 결승전이 끝날 때까지만 해도 십 년 동안이나 몸담았던 기아를 떠날 생각은 없었어요. 제가 매운탕이나 끓여먹자고 이십 일 동안이나 낚시를 갔겠습니까? 누가 부추긴다고 이리저리 끌려갈 나이도 아니고, 제 인생의 앞길에 대해 진지하게 고민한 끝에 내린 결정입니다. 구단이 싫어서가 아니라 제 자신의 명예와 자존심을 찾기 위해 트레이드를 요구하는 겁니다. 구단에서 제 입장을 이해해주길 바랍니다.

강석신 코칭스태프와 불화가 있다는데, 진실은 무엇입니까?

허 재 사람들은 그렇게 오해를 많이 하는데 모든 권한을 쥐고 있는 감독에게 대항을 하는 선수는 없어요. 제가 직선적으로 이렇게 저렇게 말을 많이 하니까 불화가 있다, 어떻다 하는데 그런 건 없어요. 제가 감독님 말씀을 다 들은 건 아니지만 제가 후보선수로 뛰면서도 최선을 다했는데 감독님께 반항했다는 것은 어폐가 있죠.

강석진 방렬 감독과의 관계는 어떻습니까? 방렬 감독은 누가 뭐래도 우리나라 최고의 감독이고 이론과 실제, 지성과 야성을 겸비한 명장인데 우리나라 최고의 선수인 허재 선수와의 관계가 매끄럽지 않은 것은 안타까운 일입니다.

허 재 항간에서는 제가 방렬 감독을 쫓아냈다고 하는데 그건 사실이 아니에요. 1990년 코리언리그 때 저는 코 수술 때문에 병원에 있었어요. 그런데 어떻게 제가 사보타주를 주도합니까? 책임회피를 하는 게 아니라 제가 "방감독님과 운동 못 하겠다" 그러면 회사에서 당연히 저를 쫓아내지 방감독님을 쫓아냈겠어요? 회사와 다른 문제가 있었겠지 제가 그런 게 아니죠.

강석진 허재 선수를 필요로 하는 다른 팀으로 이적을 하는 것이 우리나라 농구 발전을 위하는 길이라고는 생각하지 않습니까?

허 재 지난 십 년 동안 일곱번씩이나 우승을 할 땐 언제고 이제 와서 우리나라 농구 발전을 위해 이적을 요구한다고 말하는 것은 저 스스로도 우습더라고요. 다만 "허재는 이제 한물갔다"는 평가를 뒤집어 제 자신의 명예와 자존심을 되찾고 싶다는 것뿐입니다. 어느 정도 평준화 효과는 있을 거라고 생각합니다.

강석진 그 명예회복이 기아에서는 가능하지 않다는 겁니까? 다른 선수들과 더이상 화합하기가 어렵다는 뜻입니까?

허 재 다른 선수들과 화합하기 어렵다는 뜻이 아니라 강동희, 김영만 이런 선수들이 이젠 기아의 간판이 될 만큼 성장했고, 지금 상황이 제가 트레이드를 요구할 수밖에 없는 상황이라는 거죠.

강석진 조용필은 노래를 잘하면 되고, 강수연은 연기를 잘하면 되고, 허재는 농구를 잘하면 됩니다. 그래도 청소년들에게 미치는 영향도 무시할 순 없습니다. 허재 선수는 농구는 잘하지만 인간적으론 기대할 게 없다, 뭐 이런 평가들도 많은데 본인 스스로 보기엔 어떻습니까?

허 재 저도 연예인을 평가할 때 그 사람의 본질과는 상관없이 배역을 잘못 맡았다든지 하는 이유로 싫어하기도 해요. 사람이 어떻게 좋은 점만 있겠어요. 나쁜 점도 많죠. 저는 성격이 직선적이고 뒤끝이 없고 그렇습니다. 그러니까 "허재는 거만하다, 악농이다" 뭐, 이런 얘기들을 하기도 하는데, 저와 같이 소주라도 한잔 마시고 얘기해본 사람들은 "소문으로 듣던 것과는 아주 다르다" 이런 말씀들을 많이 합니다. 제가 그렇게 나쁜 놈이라면 어떻게 농구라는 단체운동을 하겠습니까? 소문난 대로 그렇게 욕심쟁이고 나쁜 놈은 아닙니다. 제게 나쁜 점도 많이 있겠지만 저를 '인간 허재' 로서 좋은 각도에서 봐주셨으면 합니다.

강석진 지금까지의 인생에서 가장 후회되는 것은 무엇입니까? 농구선수로서 앞으로의 목표는 무엇입니까?

허 재 후회라기보다 지금 이 시점이 가장 괴롭고 힘들어요. 그전에 대표팀에서 탈락하고 그랬을 때는 크게 마음 쓰지 않았었는데 요즘엔 정말 괴롭습니다. 올해 프로 무대에서 제 실력을 마음껏 보여주지 못한 것이 너무 아쉬워요. 외국인 선수들과 비교해봐도 훨씬 더 멋있게 잘 할 수 있다는 것을 보여주고 싶었는데…… 앞으로 하루를 더 할지, 한 해를 더 할지, 얼마를 더 할지 모르지만 제 자존심과 명예를 회복하는 것이 목표죠. 초라한 모습으로 은퇴하고 싶진 않아요. 지금도 자신이 있거든요. 자신이 없었다면 트레이드를 요구하지 않고 은퇴선언을 했을 것입니다. 저한테는 내년이 바로 프로에 데뷔하는 해다, 그렇게 새출발하는 각오로 새롭게 도전하겠다는 겁니다.

(1997)

* 지금 읽어보니 내 질문은 정말 허재에게 미안할 정도로 잔인한 것들이 많았다.

정상에서 내려오기

　원주 TG의 '농구 천재' 허재가 오랜만에 올스타에 뽑혔다. 중부 선발 베스트 5에 선정된 것이다. 예전 같으면 허재가 올스타에 뽑히는 것 따위는 뉴스가 되지 못했을 것이다. 그러나 이제 마흔을 바라보는 그가 올스타에 선발된 것은 '허재 숭배'라는 이단 신앙에 빠져 있는 나 같은 사람에게는 눈물이 흘러나올 만큼 감동적인 일이다.
　올 시즌 들어 허재는 뛰어난 플레이를 보여주고 있다. 지난 일요일(2003년 1월 19일) 선두를 달리는 동양과의 경기에서는 15득점, 7리바운드를 기록하며 완벽에 가까운 경기를 펼쳐 동양을 완파하는 데 수훈을 세웠다. 특히 4쿼터에서 보여준 왼손 훅패스와 비하인드 노룩패스(이런 용어가 있기는 한 건지?)는 허재 농구의 수준과 완성도를 극명하게 보여준 화려한 순간이었다.
　어떤 사람들은 "허재는 정상에 있었을 때 은퇴했어야 한다"는 말을 한다. 나는 동의할 수 없다. 등산을 해본 사람은 누구나 알겠지만, 정상에 올라서면 누구나 내려와야 한다. 또 정상에서는 그리 오래 있을 수도 없다. 그리고 등산을 해본 사람은 누구나 알겠지만, 올라가는 길이 힘든 만큼 내려오는 길도 힘들다. '등산(登山)'이란, 이름에는 드러나 있지 않지만, '하산(下山)'이 그 내용의 반을 차지하고 있기 때문이다. 내겐 "정상에 있을 때 은퇴해야 한다"는 말이 "일단 정상에까지 올라갔으면 그 다음엔 케이블카를 타든지 헬리콥터를 타든지 잽싸게 편안히 내려오라"는 비겁한 소리로 들린다.

허재는 분명 정상에서 내려오고 있는 사람이다. 그러나 그의 하산길은 등산길만큼 아름답다. 나는 지난 일요일 석양을 받으며 저녁노을과 함께 휘황하게 빛나던 '농구 천재'의 모습을 가슴 깊이 새겨놓았다.

몇 년 전 여름 우리 아버지께 '전성기'가 언제였느냐고 여쭤본 적이 있다(그때 우리 아버지는 일흔이셨다). 그랬더니 의외의 답변이 되돌아왔다.

"전성기? 아직 안 왔어. 내 마음에 흡족한 학술적 업적이 '아직(!)' 없지 않으냐? 그렇지만 조금만 기다려봐. 곧 올 거야."

나도 어느새 마흔을 훌쩍 넘겨버린, 어쩌면 수학자로서는 아흔이 넘은 나이가 되었다. 그렇지만 고희(古稀)의 나이에도 전성기가 아직 오지 않았다고 주장하는 우리 아버지를 떠올리며 다시 한번 마음을 가다듬는다. 정상에는 한번 올라가봐야 내려오는 모습이 아름답든지 말든지 할 것 아닌가?

(2003)

결코 포기하지 않는다

83대 75. 나는 이 스코어를 똑똑히 기억한다. 1995년 3월 1일 농구대잔치 결승 4차전 기아와 삼성과의 경기. 허재는 후반 13분경부터 4분 30초 동안 3점슛 세 개를 포함하여 혼자서 17점을 폭죽처럼 터뜨리며 기아자동차를 여섯번째 농구대잔치 정상으로 이끌었다. 그 경기의 스코어가 바로 83대 75였다. 허재의 득점은 팀 득점의 전반에 가까운 41득점. 나는 그 다음날 모든 스포츠신문을 사서 그에 대한 기사를 읽으며 뜨거운 마음을 달래려고 애를 썼다. 그리고 결국 그 경기의 감동 때문에 그를 주제로 한 책『축구공 위의 수학자』를 펴내게 됐다.

그뒤 8년이란 세월이 흘렀다. 지난 (2003년) 3월 31일 프로농구 4강 플레이오프 5차전 LG와 TG의 경기. LG는 김영만, 블랙, 조우현의 눈부신 활약으로 TG를 압도해나갔다. 3쿼터를 시작할 무렵의 스코어는 55대 37. 무려 18점 차이였다. 승부는 이미 결정된 것처럼 보였다. 그러나 TG에는 '위대한 농구 천재' 허재가 있었다. 그는 결코 포기하지 않았다.

2쿼터 끝날 무렵 3점슛이 실패하자 다시 비호처럼 달려들어 볼을 가로챈 뒤 레이업슛. 3쿼터 중반 57대 41로 벌어졌을 때는 3점슛으로 추격. LG가 66대 55로 도망가자 20미터 이상을 질풍같이 내달아 단독 돌파 레이업슛…… TG 선수들이 승리에 대한 희망을 버릴 수 없었던 것은 허재의 이런 집념과 오기 때문이었다. 그를 우상처럼 숭배하는 나조차도 승부를 거의 포기하고 있었는데……

그의 집념과 오기는 순항하던 LG를 비틀거리게 했다. 3쿼터에서 페리맨과 조우현이 4반칙에 걸린 것이다. TG는 잭슨이 펄펄 날아다니며 맹렬한 추격전을 펼쳤다(잭슨이 계속 헤맸다면 나는 아마 평생 동안 그를 원망했을 것이다). 4쿼터에 접어들어 허재의 3점슛으로 67대 67 동점이 됐을 땐 나도 내가 지켜보고 있는 장면을 믿을 수가 없었다. 4쿼터 중반 양경민의 골밑슛으로 스코어가 뒤집히자 LG는 힘없이 무너져내렸다. 기적 같은 대역전극이 벌어진 것이다. 경기가 끝난 뒤의 스코어는 83대 75. 8년 전 허재가 휘황하게 빛나던 순간의 스코어였다.

이제 동양과 TG의 챔피언 결정전이 시작됐다. 우리의 '위대한 농구 천재'는 이번엔 또 어떤 기적을 준비하고 있을까? 그는 지금 극도로 지쳐 있다. 그러나 그는 결코 포기하지 않을 것이다.

(2003)

한번 날아간 새는 다시 돌아오지 않는다

 스코어는 66대 63 TG 리드. 남은 시간은 15.2초. 동양은 이제 3점 슛을 노려야만 한다. 그러나 김병철이 필사적으로 던진 슛이 에어볼이 되며 동양의 반칙이 선언됐다. 데릭스의 자유투. 남은 시간은 1.3초. 그때 TG 벤치에서 선수 교체를 알렸다. 헬쑥한 얼굴, 눈물 같은 미소를 머금은 '농구 천재'가 가슴 아래쪽을 어루만지며 코트에 등장했다. 대구체육관은 "허재! 허재!"를 외치는 폭발적인 함성으로 뒤덮였다. 나는 가슴이 북받쳐오르며 눈물이 쏟아질 것 같았다. '허재의 기적'이 완성되는 순간이었기 때문이다.
 경기 시작 전 갈비뼈 밑의 연골을 다쳐 도저히 뛸 수 없다는 허재가 체육관에 모습을 나타냈다. 슛을 한 번 던져보고는 얼굴을 찡그린다. 온몸이 만신창이인 모양이다. 다른 선수들이 몸을 푸는 동안 입간판에 기대앉아 허공을 바라본다. '농구 천재'의 고독과 결의가 느껴졌다. 그리고 그에 관한 여러 기억들이 파노라마처럼 스쳐 지나갔다. 프로농구 원년 챔피언 결정전에서 벤치만 지키다가 동료들이 우승의 기쁨을 만끽하는 동안 혼자서 쓸쓸히 돌아서던 모습, '97~'98 시즌에 눈물겨운 '부상 투혼'으로 온 국민에게 커다란 감동을 선사하며 MVP가 됐던 일, 2주 전 LG와의 플레이오프 5차전에서 무려 18점 차이를 뒤집고 기적 같은 역전승을 거둔 일……

이날 경기도 기적이었다. 1쿼터 끝난 뒤의 스코어는 24대 3. 동양이 TG를 그야말로 '초전박살' 내버린 것 같았다. 그러나 TG 선수들은 '뼈아픈 가슴'을 부여안고 소리소리 지르며 독려하는 허재 때문에라도 절대로 승부를 포기할 수가 없었다. 2쿼터에 접어들자 신종석이 눈부시게 활약하며 극적인 동점, 승부는 안개 속으로 빠져들어 갔다. 경기 막판까지 숨막히게 타오르던 양 팀의 백병전은 4쿼터 끝날 무렵에 터진 잭슨의 3점슛 세 방으로 승부가 결정됐다. 드디어 TG가, 그리고 허재가, 가슴 뭉클한 첫 우승을 차지한 것이다.

"한번 날아간 새는 다시 돌아오지 않는다."

허재의 우승 소감이다. 그는 '모처'에서 이 글귀를 발견했다고 했다. 그리고 "이게 바로 내 얘기다. 이번 같은 기회는 한번 날아가면 다시는 돌아오지 않을 것이다. 절대로 놓쳐서는 안 된다." 이런 생각이 들었다고 했다고 했다.

이날 나는 그에게서 인생을 배웠다. 늘 그랬듯이……

(2003)

'농구 천재'가 '전설'이 되던 날

2004년 5월 2일 아침 허재의 은퇴 경기를 보러 원주로 출발했다. 다행히도 TG 구단에서 친절을 베풀어주어 티켓을 구하기 위해 밤새워 줄을 설 필요는 없었다. 그런데 치악 체육관의 TG 구단 사무실로 들어서려다 문제를 발견했다. 아침에 집에서 나올 때 『축구공 위의 수학자』는 챙겨왔는데 그만 『수학의 유혹』을 챙겨오지 않은 것이다. 허재의 아들들이 꽤 컸을 텐데 그 생각을 미처 못 했다. 마음이 급해진 나는 체육관을 빠져나와 택시를 타고 원주 시내로 들어갔다. 그런데 이게 웬일인가. 우선 시내에 대형서점이 없고, 조금 큰 서점들은 거의 다 문을 닫았으며(하필이면 일요일이라서……), 그나마 문을 연 서점에는 『수학의 정석』은 있어도 『수학의 유혹』은 찾을 수가 없는 것이었다. 이런, 이렇게 내 책이 인기가 없나 하는 실망과 함께 허재 선수 가족에게 줄 선물이 없다는 사실이 나를 힘 빠지게 했다.

다시 체육관에 돌아와 구단 사무실에 들어가니 허재가 인터뷰중이었다. 잠시 '뻘쭘'하게 서 있는데 안으로 들어오란다. 나는 쭈뼛쭈뼛 안으로 들어가 떨리는 손으로 나의 '우상'과 악수를 하고 떨리는 목소리로 『수학의 유혹』을 가져오지 못한 미안함을 고하고, 떨리는 마음으로 『축구공 위의 수학자』를 바쳐올렸다. 그는 이미 1996년에 읽었다고 했지만 어쨌든 그가 은퇴하는 지금 나로서는 그것보다 더 좋은 선물이 생각나지 않았다. 그 책은 사실 '농구 천재 허재에게 바치는 헌시' 같은 것이니까(음, 시는 아니고…… 스포츠 에세이인데, '헌에세이' 같은 말은 존재하지 않는데다가 하도 이상하게 들려서……).

허재의 인터뷰가 끝난 뒤 용기를 내어 그가 앉아 있는 바로 옆자리에 앉았다. 이렇게 가까이에서 '우상'을 마주할 수 있다니…… 그야말로 감개가 무량했다. 오늘따라 허재도 감개가 무량한 듯했다. 나와 함께 사진도 한 장 찍었다. 남이 보면 나랑 아주 친한 걸로 보일 만큼 다정한 포즈로 찍었다. 나는 사실 그 길로 집에 돌아가도 행복했다.

그런데…… 아아…… 너무나 감격적인 일이 일어났다. 허재가 사무실에 가서 김밥을 여러 개 들고 오더니 하나씩 나눠주는 것이었다. 같이 있던 기자들이 한마디씩 했다.

"아니, 직원들은 뭘 하고 허코치가 직접 하세요?"
"아, 직원들이 너무 바빠서 정신이 없어. 내가 나눠주면 되지 뭘."

'살아 있는 전설'이 나눠주는 김밥을 받아들고 나는 목이 메어왔다. 그의 소탈함, 꾸밈없는 태도, 솔직함…… 이런 것들을 뜨겁게 느낄 수 있었다(이런 것들은 원래 '따뜻하게' 느껴야 하는 건데 허재가 워낙 '불꽃 같은' 사람이다보니……). 나는 마치 최후의 만찬 때 예수님이 나눠주신 빵 한 조각을 받아먹는 열두 사도가 된 심정으로 김밥을 하나씩 먹기 시작했다. 무슨 맛인지도 모르겠더라고 말하고 싶지만 사실 그 김밥은 아주 맛이 있었다. '전설'은 팬 사인회 때문에 밖으로 나가고 나는 같이 있던 기자들에게 농담을 던졌다.

"기자들은 좋겠네요. '전설'과 감히 호형호제를 하고……"
"아니, 그 김밥이 목구멍으로 넘어가요? 나는 목이 메던데?"

그중 한 명이 물었다.

"언제 허재 선수를 알게 됐어요?"
"1983년 쌍룡기 고교농구대회 결승전이요. 우선 허재 선수가 너무나 잘했고, 또 그날이 바로 허재 선수가 중앙대 진학을 선언한 날이었어요. 중앙대 정봉섭 감독이 막 울더라구요. 하루만 일찍 알려줬어도 이렇게까지 울지는 않았을 거라고……"

(알고 보니 그게 인터뷰였다.)

　그랬다. 용산고를 졸업하고 허재는 중앙대로 진학을 했다. 그때부터 그의 인생은 가시밭길이 됐다. 오만한 천재가 스스로 선택한 가시밭길…… 그를 생각하면 반항과 분노, 오기와 자존심, 천재의 고독…… 이런 말들이 떠오른다. 그는 연세대·고려대로 상징되는 한국 농구계의 주류에 정면으로 맞섰다. 때로는 보기 좋게 대승을 거두기도 했고, 때로는 '왕따' 당하듯 좌절하기도 했다. 그러나 그가 이끄는 중앙대는 연세대와 고려대는 물론, 실업농구의 최절정 고수들인 현대와 삼성마저도 단번에 휘어잡아버렸다. 불행하게도 심판들의 맹렬한 편파 판정과 상대 선수들의 상상을 초월하는 비열한 반칙으로 중앙대가 현대와 삼성을 이긴 적은 별로 많지 않다(연세대와 고려대는 처음부터 상대가 되질 않았다). 그렇지만 사람들은 이미 알고 있었다. 대한민국 '농구 황제'의 자리는 이제 이충희, 박수교, 김현준, 박인규, 진효준, 이원우…… 중 한 명이 아니라 이미 허재가 차지해버렸다는 것을. 나는 그때가 허재의 전성기였다고 생각한다. 허재는 마라도나가 1986년 월드컵을 완전히 지배했던 것처럼 농구대잔치를 완전히 지배하기 시작했다. 그것도 대학 신입생의 몸으로.

　허재가 중앙대를 졸업하고 기아자동차에 입단하자 기아자동차 전성시대가 열렸다. 허재는 김유택, 강동희와 함께 '허동택 농구'를 앞세워 황금시대를 구가했다(나중엔 김영만이 합류하여 '허동만 농구'를 하기도 했다). 사람들에겐 이때가 허재의 전성시대로 보이겠지만 내겐 아니다. 기아자동차 시절엔 이미 그와 그의 동료들을 상대할 적수가 없었다. 그러니 그의 전성시대는 누가 뭐래도 중앙대 시절이다. 그때의 허재는 아무도 말릴 수 없었다. 그만큼 다른 선수들과는 현격한 수준 차이가 있었다.

 기아자동차 시절은 허재에겐 시련과 좌절의 시절이기도 했다. 1993년 허재는 국가대표팀에서 제외되는 수모를 겪었다. "무절제한 생활과 불성실한 연습 태도로 젊은 후배 선수들에게 악영향을 끼칠 것"이라는 우려가 그 이유였다. "성적은 좋지만 품행이 불량하다"는 것이었다. 그러나 사람들은 진짜 이유는 따로 있다고 알고 있다. 방열 감독을 퇴진케 한 '사보타주 사태'의 주역이 허재였기 때문에 주류 농구인들로부터 강력한 응징을 받은 것이라고. 허재는 그때 자신은 병원에 있었는데 무슨 소리냐며 결백을 주장한다. 그 사건의 진범(?)이 누구인지는 아는 사람은 다 아는 것 같다. 사정이야 어찌 됐든 대가는 허재가 치렀다. 그것도 아주 혹독하게.

 '94~'95 농구대잔치에서 허재는 화려히게 부활했다. 특히 삼성과의 결승 4차전 경기는 허재가 왜 천재라고 불리는가를 극명하게 보여준 한판이었다. 허재는 이날 후반 막판 4분 동안 17점을 신들린 듯 쏟아넣으며 총 41득점을 기록했다. 83대 75. 기아자동차 정상 복귀. 나는 이 스코어를 결코 잊지 못할 것이다. 나는 그 경기를 보고 너무나 감동해서 그를 주인공으로 한 『축구공 위의 수학자』를 쓰게 되었다. 그때는 앞으로도 허재가 마음만 먹으면 그 정도 경기는 언제든지 만들어낼 수 있다는 생각은 꿈에도 하지 못했다.
 그러나 허재의 시련은 아직도 끝나지 않았다. 허재는 술 때문에 끊임없이 사고를 치고 말썽을 끌고 다녔다. 급기야는 음주운전으로 구속이 되기까지 했다. 아아, 나는 지금도 가슴 아프게 기억한다. '나의 우상'이 오랏줄에 묶여 구치소로 향하던 사진을.
 그는 프로농구 원년 무대 결승전 마지막 경기에서는 내내 벤치만 지켰다. 허재의 농구생명은 완전히 끝이 난 것처럼 보였다. 경기가 끝날 무렵 관중들이 "허재! 허재!"를 연호할 때 허재는 씨익 웃었다. 그는 "겉으로는 웃고 있었지만 그게 다 눈물이었다"고 했다. 20여 일 동안 잠적하여 낚시를 하고 돌아온 허재는 기아에 트레이드를 요구했다. 아마 그때가 그의 인생에서 제일 힘든 시기였을 것이다. 나는 어느 잡지사의 부탁으로 그를 인터뷰했다. 나는 그 기사에서 내가 '허재 숭배'라는 '이단 신앙'에 빠져 있음을 확실하게 선언하고 그가 화려하게 부활할 것을 믿음을 가지고(!) 예언했다. 그 글은 내가 제일 좋아하는 글 중의 하나다.
 님의 어려운 사성을 생각하여 1년간 더 뛴 뒤 이적하겠다는 조건을 달고 기아자동차에 복귀한 허재는 다음 시즌 프로농구 무대에서 눈부신 '부상 투혼'으로 최고의 활약을 펼쳤다. 기아자동차는 비록 우승은 하지 못했지만 허재는 MVP가 되었다. 부상 투혼…… 눈 위가 찢어지고 손가락이 부러지고…… 그러면서도 자신에게 그런 수모를 주었던 기아를 우승시키기 위해 혼신의 힘을 다하던 그의 모습은 정말 눈물 없이는 다시 떠올릴 수가 없다. 사람들은 우승을 하지 못했기 때문에 그의 모습이 더욱 비장하고 멋있어 보였다고 말하지만, 나는 무조건 그가 우승하기를 바랐다. 기아가 아니라 '그'가 우승하기를 바랐다. IMF 사태의 어려움을 겪고 있던 대한민국 국민들은 허재의 눈물겨운 투혼에 감동하고 용기와 힘을 얻었다. 그리고 그때에야 비로소 허재는 모든 사람의 우상이 되었다. 그가 얼마나 위대한 선수인지를 굳이 설명할 필요가 없게 된 것이다. 나는 괜히 비장하고 자학하는 듯한 분위기를 싫어하지만 허재가 '부상 투혼'을 발휘할 때 눈 위가 찢어져 피를 흘리던 사진과 갈비뼈가 부러져 고통 속에 얼굴을 찡그리던 사진은 정말 갖고 싶다. 연구실 책상 위에 올려놓고 나를 채찍질할 수 있을 것 같은 사진들이다. 나는 이렇게 괜히 비장한 것 정말 싫어하지만……

다음해 그는 원주 TG로 이적했다. 그러나 반드시 우승을 시키겠다는 허재의 약속과 달리 원주는 언제나 꼴찌 근처를 맴돌았다. 시즌 초만에는 잘 나가는가 싶다가 중반 이후에는 내리막길을 걷곤 했다. 한 시즌 한 시즌이 그의 마지막 시즌 같았다. 그래서 서울 경기가 있을 때면 어떻게든 경기장을 찾으려고 했다. 그러다가 지난 2003~2004 시즌…… 아아, 그는 왜 모든 일을 이렇게 극적으로 만드는 걸까?

내가 허재를 다른 어느 선수보다도(내가 그렇게 좋아하는 축구의 누구보다도, 어린 시절 나의 우상이었던 이회택·신동파보다도, 월드컵의 영웅 홍명보보다도) 더 높이 평가하는 이유는 바로 그가 가지고 있는 '극적인 분위기' 때문이다. 그가 볼을 잡고 있으면, 그가 볼 근처에 있으면, 아니, 그가 코트에 있으면 금방이라도 무언가 극적인 일이, 무언가 짜릿하고 감동적인 일이 일어날 것 같은 예감에 가슴이 설레게 된다. 지난 2003~2004 시즌 대구 동양과의 결승 6차전에서 허재는 뛸 수 없었다. 5차전에서 갈비뼈가 골절되는 중상을 당해 앉아 있기도 힘들게 된 것이다(갈비뼈가 부러져본 사람은 그 고통을 안다. 나도 축구하다가 갈비뼈가 부러진 적이 있다). 그런데 갈비뼈가 부러진 그가 고통을 참느라 얼굴을 찡그리며 벤치에 앉아 있는 것만으로도 무언가 극적인 일이 일어날 것 같은 분위기가 감돌았다. 그리고 실제로 그런 일이 일어났다. 1쿼터 끝나고 24대 3. 2쿼터 시작하자마자 26대 3. 무려 23점을 뒤지고 있던 원주 TG가 신종석의 신들린 듯한 활약으로 경기를 뒤집은 것이다. 경기 종료 1.3초를 남기고 허재가 코트에 들어선 순간, 나는 허재가 만들어낸 또 하나의 기적에 놀라고 감동하며 왈칵 쏟아지려는 눈물을 참아야 했다. 대구체육관은 모두가 "허재! 허재!"를 연호했다. 그 함성은 동양 응원석에서도 터져나왔다. 나는 흘러간 세월 속에 너무나 달라져버린 현실에 적응하기가 어려웠다. 아니, 코트의 반항아, 이단아는 어디로 가고 언제부터 저렇게 적 팀에서도 응원하는 선수가 됐지? 그 동안 '허재 숭배'는 '이단 신앙'이었다. 그런데 이젠 '이방인'들도 숭배하는 '메이저 신앙'이 됐단 말인가? 마치 십자가에 못 박혔던 허재가 '부활'한 것 같았다.

'부활'이라…… 허재는 정말 오만방자했다. 그래서 그를 더욱 좋아했다. 그는 그럴 만한 자격이 있었다. 그러나 그에게 승리만이 있었던 건 아니다. 그에겐 너무나 억울한 패배가 너무나 많이 있었다. 그는 누구보다 참담한 실패를 여러 번 경험했고, 누구보다 외롭고 고독했으며, 누구보다 깊은 상처를 받았다. 고독한 늑대, 외로운 천재…… 그러나 그는 그때마다 다시 일어서서 하늘 높이 날아올라 무지개처럼 아름답게 빛나곤 했다. 그는 불사조였다. 그리고 이제야 비로소, 그렇게 많은 세월이 흐른 뒤에야 비로소, 이렇게 많은 사람들의 사랑을 받고 있는 것이다.

허재의 은퇴 경기는 백팀과 청팀으로 나뉘어서 벌어졌다. 백팀의 멤버는 김승현, 추승균, 신기성, 조성원, 김영만, 조상현, 김승기, 전희철, 문경은, 김주성, 임재현, 김희선(이상 12명), 청팀의 멤버는 주희정, 양경민, 강동희, 황성인, 김훈, 신종석, 김병철, 이상민, 양희승, 이규섭, 현주엽, 서장훈(이상 12명)이었다. 허재는 전반전엔 백팀, 후반전엔 청팀에서 뛰었다. 백팀 감독은 정봉섭, 청팀 감독은 양문의. 정말 한국 농구의 올스타가 총출동한 느낌이었다. 양팀 선수들이 소개되고 허재가 등장했다. 가슴에 뜨거운 불길이 흐르는 것 같았다. 허재의 팬클럽 '위즈' 사람들은 모두 다 울고 있었다.

경기가 시작됐다. 나는 원래 올스타전처럼 긴장감이 없는 경기는 좋아하질 않는다. 도대체 진지하게 승부를 걸지 않는 경기는 '경기'라는 정의에도 위배되기 때문이다. 그렇지만 허재는 이런 화기애애한 분위기를 즐기는 듯했다. 자기 팀이 절대로 지지 않을 거라는 확신이 있었기 때문일까? 어린애처럼 환하게 웃는 모습의 그를 보며 나도 행복해졌다. 문득 코요태의 〈애원〉이라는 노래가 생각났다.

"모두 가진 너를 보면 자꾸 욕심이 나. 다시 날 살고 싶게 해, 사랑하고 싶게 해…… 밝게 웃는 너를 보면 자꾸 행복해져. 다시 날 살고 싶게 해, 사랑하고 싶게 해……"

전반전이 끝나고 장내 아나운서가 허재를 인터뷰했다.

"백팀과 청팀 중 어느 팀이 더 나은 것 같습니까?"
"지금은 백팀이 더 나은 것 같은데요, 후반전에 내가 청팀으로 가면 청팀이 더 나을 것 같습니다."

이게 얼마 만에 들어보는 '허재 다운(!)' 인터뷰인가?

허재는 경기 내내 수없이 많은 3점슛을 던졌다. 적중률은 아주 높은 선 아니었다. 넣을 때까지 다시 던져주는 후배들의 패스를 받으며 '4전 5기'에 성공하기도 했다. 젊은 시절 허재의 3점슛은 정말 예술이었고, 교과서였다. 수직으로 솟아올라 쓸데없는 동작 하나 없이 간결하고 우아하게 던지던 그의 3점슛…… 스스로에 대한 확신이 강렬하게 느껴지던 그 모습…… 그러나 그의 진정한 강점은 화려하면서도 빠르고 강력한 돌파가 아니었을까? 아니다. 그는 모든 걸 너무나 완벽하게 잘 해냈다. 슛, 어시스트, 리바운드, 드리블, 패스…… 게다가 수비까지…… 이 모든 걸 특급으로 했었다. 아니, 초특급으로 했었다.

어느새 경기는 마지막을 향해 치닫고 있었다. 103대 103 동점에서 눈치 없는 경기 기록원이 24초 룰 위반을 불어 청팀이 볼을 빼앗길 위기. 어, 그럼 각본하고 다르잖아? 그래도 똑똑한 백팀 선수들이 그 볼을 허재에게 내주었다. 허재는 시간을 충분히 끌다가 중앙을 파고들었다. 그리고 어어 하는 사이에 서장훈을 비롯한 여러 선수들이 허재를 들어올리더니…… 허재는 주저하지 않고 버저비터 덩크슛을 내려꽂았다. 나 같은 '허재교 신자'에겐 또다시 가슴이 뭉클해지는 순간이었다. 이런 멋진 덩크슛은 다시는 볼 수 없을 것 같았다.

105대 103으로 경기가 끝났다. 허재는 52점을 득점했다고 했다. 생애 최고 득점도 아닌데 뭘…… 허재는 농구할 때가 가장 아름답다. 그러나 이젠 그런 그의 모습을 볼 수가 없다. 나는 내 청춘이 사라지는 느낌이었다.

―은퇴했다는 실감이 나는가?

글쎄, 실감은 나지 않다가 마지막에 동희가 "형, 이리 와봐요" 하고 헹가래를 쳐주니까 그땐 마음이 뭉클했다. 이제부턴 농구공을 잡지 못한다는 사실이 아쉽다. 삼십 년 동안의 농구인생에서 보람도 많았고, 누구보다도 잘했다는 생각도 든다.

―후배들이 이렇게 많이 참가해주었는데?

오늘 모인 선수들 모두가 각 팀에서는 최고의 스타들인데 바쁜 중에도 이렇게 시간을 내줘서 너무나 고맙다. 지금까지는 받기만 하고 살았는데 앞으로는 후배들도 챙기고 베풀면서 살아갈 생각이다.

―그 동안에도 후배들 술 사주고 밥 사주느라고 집 한 채 값은 들었을 텐데?

(폭소가 터짐) 오늘 같은 날은 정말 "집문서를 가지고 나올걸" 하는 생각이 들 만큼 고마운 사람들이 많다(더욱 큰 폭소가 터짐. 작년에 우승했을 때는 "오늘 같은 날은 관을 짜고라도 술을 마셔야 한다"고 말하더니……).

―덩크슛은 어떻게 된 것인가?

처음에는 레이업슛으로 끝내기로 각본을 짰다. 그런데 시간이 지나면서 "장훈아, 형도 덩크 한번 해보자" 그랬더니, "그럼, 형 빨리 들어와" 이렇게 된 거다. 장훈이, 주성이 등 여러 선수들이 들어올려줘서 덩크를 할 수 있었다.

―감동적인 장면이었다. 후배들에게 베풀기를 좋아하니까 오늘 같은 보답을 받은 게 아닌가?

베푼다기보다 같이 어울리려고 노력한다. 내가 그들 속으로 들어가려고 노력하니까 허물이 없다. 앞으로 베풀어야 할 것은 농구에 대한 것이다. 술이야 앞으로도 얼마든지 사줄 수 있다. 술 사는 일이야 뭐가 어려운 일인가? 술은 앞으로도 계속 사겠지만, 그것보다는 내가 농구를 하면서 느꼈던 경험과 노하우를 후배들에게 전수하는 게 진정으로 베푸는 거라고 생각한다.

―후배들에게 당부하고 싶은 말은?

우선 부상을 당하지 말고 건강한 몸으로 운동을 계속하길 바란다. 그리고 프로농구 선수라야 다 합쳐서 백 명 조금 넘을 텐데, 경기중에는 선의의 경쟁을 벌이고, 경기장 밖에서는 한 가족처럼 친하게 지냈으면 좋겠다. 마지막으로 한국 농구를 발전시킨다는 차원에서 더욱 멋진 농구, 팬들이 즐거워하는 농구를 했으면 좋겠다.

―'포스트 허재'는 누가 될 거라고 생각하나?(아니, 이런 바보 같은 질문을…… '포스트 허재' 같은 건 있을 수가 없다.)

그건 오늘 여기 모인 후배들 중에서 스스로 두각을 나타낼 사람이 있다고 본다. 다들 그런 잠재능력을 갖추고 있다고 생각한다.

―선수로서 천재였기 때문에 남을 가르친다는 게 어려울 수도 있는데?

선수로서는 부러운 게 없었는데 지도자로서는 어떻게 될지 부담도 있지만 자신도 있다. 그러나 이제는 전혀 다른 길을 걸어가는 것이기 때문에 그전까지의 허재는 완전히 잊어버리고 농구를 다시 시작한다는 기분으로 하나하나 배우려고 한다. 내 성격 중에서도 단점은 고칠 것이다(아니, 그걸 고치면 허재가 아닌 민숭민숭한 사람이

나오지 않을까?). 특히 너그러움과 부드러움을 배우겠다. 지금까지는 몸으로 솔선수범했다면 앞으로는 말로, 마음으로 가르치는 법을 배우겠다. 어떻게 하면 이 내용을 쉬운 말로 이해하기 쉽게 전달할까 하는 걸 많이 생각하겠다. 앞으로가 더 어렵겠지만 열심히 하겠다.

―구체적인 연수 일정은?
아직 명확한 것은 없다. 비자 문제도 있고. 아마 캘리포니아 쪽이 될 것 같다.
('술집이 많이 있기 때문' 이라는 설이 유력.)

―언제였는지 모르지만 허재 선수가 버저비터를 성공시킨 뒤 벤치도 관중석도 다 난리가 났는데 본인은 뒤도 돌아보지 않고 수건 하나 들고 그냥 뚜벅뚜벅 걸어나가버린 경기 생각이 나는지?
그런 게 있었나? 그랬나보지, 뭘.
(기아와 삼성의 경기였던 것 같다. 버저비터를 성공시킨 뒤 뒤도 돌아보지 않고 그냥 수건을 집어 들고 걸어나갔다. 허재의 '오만방자한 매력'이 진하게 느껴지는 장면이었다.)

―왜, 그때 성격 더러웠을 때?
(허재 부드럽게 웃으며) 야야, 그렇게 못되게 굴 때가 있었기 때문에 '인간 허재'가 매력이 있는 거야. 그럴 때가 있었으니까 오늘처럼 착할 때가 있는 거지.

허재는 후배들과 다른 분들께 정말 고맙다는 말을 수도 없이 반복하며 인터뷰를 마쳤다. 도대체 예전의 '싸나이 허재'는 어디로 가고 저렇게 '세속화'한 허재가 남은 걸까 의심이 갈 지경이었다. 인터뷰가 끝나고 간단한 뷔페 파티가 이어졌다. 나는 밥맛도 없고 울컥 눈물이 날 것 같아서 그냥 혼자 서울로 올라왔다. 오며오며 그를 생각했다.

"감사합니다. 당신 때문에 그 동안 너무나 행복했습니다. 당신도 우리 때문에 행복했기를……"

(2004)

4부

그대들에게
바란다

스포츠와 선거

1996년 4월 프로야구 타격 선두는 쌍방울의 김실(0.370)이었다. 지난해 삼성에서 방출된 뒤 연봉이 절반으로 깎이는 수모를 감수하면서 겨우 쌍방울에 입단한 것을 생각하면 실로 엄청난 활약이 아닐 수 없다. 쌍방울은 김실의 맹활약을 발판으로 현대와 치열한 선두다툼을 벌일 만큼 커다란 이득을 보았다. 김실을 방출했던 삼성으로서는 땅을 칠 노릇이지만 이제 와서 어쩔 수도 없는 일이다. 대한민국의 클러치 히터 한대화 역시 처음 입단했던 OB에서는 이렇다 할 성적을 내지 못하다가 해태로 이적한 이후 가공할 타격을 보여주어 해태가 여섯 번이나 한국시리즈를 제패하는 데 크게 공헌했었다. 중국에서 일본으로 귀화한 여자 탁구선수 헤지리는 일본 대표선수로 활동하면서 자기를 내버렸던 중국 선수들을 만날 때마다 일본식으로 기합을 넣으며 투지를 불태우곤 했다. 세계 최강 중국도 자기가 키우다 버린 호랑이 새끼가 슈퍼 호랑이로 자라서 덤벼드는 데야 당할

재간이 없다. 그리고 이런 인생유전(人生流轉)이 바로 스포츠 세계의 묘미이기도 하다.

지난 1996년 4월 11일 우리나라는 제15회 정치 올림픽을 치렀다. 이 대회의 결과는 신한국당 139석, 국민회의 79석, 자민련 50석, 민주당 15석, 무소속 16석으로 나왔다. 항상 틀리면서도 무슨 도사인 척하는 정치전문가들의 평가에 의하면 신한국당 선전, 국민회의 패배, 자민련 현상유지, 민주당 몰락, 무소속 득세란다.

그런데 각 정당의 해석은 제멋대로다. 신한국당은 과반수에 미달하여 여소야대 구도가 되긴 했지만 예상을 뒤엎고 수도권에서 선전하여 제1당이 되었으니 승리한 것이라고 희희낙락이다. 마치 축구 경기에서 스코어는 4대 3으로 지긴 했지만 우리가 넣은 세 골은 한 선수가 모두 넣은 것이고 저 쪽은 네 명이 한 골씩 같이 넣은 것이니 우리가 이긴 거라고 주장하는 것과 같다. 국민회의는 54석에서 출발하여 79석으로 늘었는데 패배가 웬말이냐고 항변한다. 지난번 경기는 147대 54였는데 이번엔 139대 79니까 이번 경기는 이긴 것이라는 얘긴가.

그런데 이상한 일은 그 다음에 일어났다. 우선 무소속으로 출마하여 당선된 인사들이 대거(?) 신한국당에 입당했다. '21세기 통일시대 대비' 등 입당의 변은 화려하지만 그들 중 다수는 "썩은 정당엔 죽어도 안 들어가겠다"거나 "나를 버린 정당엔 당선돼도 안 들어간다"고 다짐했던 사람들이다. 이번에는 경기가 시작되기 전부터 끝날 때까지 근 한 달 동안을 눈만 뜨면 신한국당을 비난하는 게 일이던 민주당의 대변인이 신한국당으로 옮겨갔다. 경기 전부터 상대방의 구단주를 만났느니, 단장을 만났느니 하며 담합의 의심을 받던 인사도 신한국당으로 갔다.

　김실 선수라면 삼성에서 다시 돌아오라고 유혹한다고 해서 그렇게 쪼르르 달려가진 않을 것이다. 헤지리 또한 등소평이 특사를 보낸다고 해도 눈 하나 깜짝하지 않을 것이다. 메달 획득 가능성이 없다고 버릴 때는 언제고 금메달 땄다고 다시 손짓하는 신한국당이나, 오기와 자존심도 없는지 자기를 내버린 당으로 다시 기어들어가는 당선자나 치사하기는 매한가지다.
　진짜로 웃기는 것은 이렇게 한바탕 난리를 치른 뒤에는 경기 결과마저 변한다는 것이다. 운동선수들이 더 나은 대우를 받기 위해 팀을 옮기는 것은 아주 사연스러운 일이다. 그러니까 프로정치선수들이 당을 옮기는 것 또한 탓할 수 없다는 주장도 나올 수 있다. 그러나 김실이 거액의 연봉을 받고 다시 삼성으로 간다고 해도 그가 쌍방울에서 친 안타와 타점이 삼성으로 옮겨가진 않는다. 아디다스컵 결승전에서 투지 넘치는 결승골을 기록한 유공의 윤정춘이 우승을 놓고 다투던 포항으로 이적한다고 해도 그가 넣은 골까지 따라가서 스코어가 뒤바뀌고 유공과 포항의 우승 기록이 맞바뀌지는 않는다. 그런데 정치판에서는 스코어까지 바꾸는 것이다.

운동 경기의 스코어는 과거에 대한 기록이다. 그러나 선거는 과거에 대한 평가일 뿐만 아니라 미래에 대한 선택의 의미도 있다. 유권자들이 투표를 할 때에는 후보자 개인의 역량과 함께 그가 속한 당의 정책까지를 포함하여 선택을 한다. 그런데 이렇게 국민이 내린 엄숙한 판정을 선수들끼리 담합하여 뒤집는다면 민주주의의 꽃이라는 선거제도가 존재하는 의미는 과연 무엇인가.

(1996)

그늘에도 아름다움은 있잖아요

지난 2002년 11월 10일 이승엽과 마해영의 연속 타자 홈런으로 한국 야구 사상 가장 '스포츠적'인 경기를 연출하며 삼성이 한국시리즈 우승을 차지한 후 '코끼리 감독'(김응룡 감독)이 인터뷰를 했다.

"우리 선수들도 다들 잘했지만 LG의 김성근 감독이 너무 잘했다. '야구의 신'이 아닌가 하는 생각이 들 정도로 투수 교체, 핀치 히터 기용 등 모든 작전이 딱딱 맞아떨어졌다. 정말 힘든 승리였다."

나는 그때 '코끼리 감독'이 너무나 우아하고 세련돼 보였다. 그 동안 '코끼리 감독'이 이룩한 모든 위대한 업적보다 그 한마디가 더욱 소중하게 느껴졌다. 치열한 경기를 펼친 뒤엔 승부에 관계없이 상대방을 존경할 줄 아는 마음. 이것이 바로 진정한 스포츠 정신이 아닌가? 그리고 이렇게 상대방을 칭찬하고 나면 삼성은 '야구의 신'을 이긴 팀이 되는 것 아닌가?

그런데 그 '야구의 신'이 갑자기 해임됐다. LG 구단의 야구철학과 김성근 감독의 지도방식이 마찰을 일으켰기 때문이라고 한다(구단 프런트와 감독의 감정적인 충돌이 진짜 이유라는 소문에 대해서는 아무 말도 하고 싶지가 않다. 소문이란 대부분 사실과 거리가 멀고 이리저리 비틀린 것이니까). LG 팬들도 김성근 감독의 '관리 야구'에 대해서는 이런 저런 말들이 많다. 야구는 결국 선수가 하는 건데 감독이 지나치게 간섭이 많아 선수들이 자율성을 발휘할 여지가 없다는 것이다. 그렇지만 선생님마다 지도방식이 다르듯이 야구 지도자도 나름의 스타일이 있는 건 당연한 일이다. 김성근 감독의 얘기를 들어보자.

"프로에 온 선수들은 누구나 무언가는 지니고 있다. 그 잠재력을 이끌어내는 연출가가 바로 감독이다."

결국 그의 '관리 야구'도 더욱 수준 높은 야구를 추구하는 여러 가지 다양한 '거룩한 충정'의 하나일 것이다. 게다가 LG는 이 모든 걸 잘 알면서도 '이기는 팀'을 만들기 위해 김성근 감독을 영입했다. 그리고 그 결과는 대성공이었다. 4강도 힘들 것이라던 LG가 한국시리즈까지 진출하여 우리나라 야구사에 길이 남을 명승부를 연출했으니 이보다 더한 성공이 어디 있겠는가?

그런데 LG는 이렇게 맡겨진 임무를 성공적으로 완수한 감독을 해임했다. 상식만으로는 도저히 이해가 가지 않는 일이다. "내년에 어떻게 하면 더욱 잘할 수 있을까만 생각하고 있었는데 갑자기 할 일이 없어져서 한동안 정신없이 멍하게 지낼 것 같다"는 김성근 감독의 말을 듣고 나니 허탈해지기까지 한다. 성실하게 일한 사람이 비합리적인 이유로 느닷없이 해임된다면 우리는 도대체 무엇을 믿으며 이 사회를 살아가야 할까?

그래도 김성근 감독의 마지막 말을 가슴에 새기며 억지로 힘을 내보려고 한다.

"그늘에도 아름다움은 있잖아요……"

(2002)

박종환과 차범근

　얼마 전 TV에서 어느 대통령 후보가 "우리나라 축구 대표팀도 감독을 차범근으로 바꾸고 나니까 연전연승하지 않더냐, 이제 우리나라도 정권교체를 해야 한다"고 주장하는 것을 들었다. 물론 자신의 정치적인 욕심을 채우기 위해 억지로 갖다붙인 비유였지만 나는 가슴이 쓰라려왔다. 차범근 이전의 대표팀 감독이 바로 박종환이었기 때문이다.
　'박종환 감독' 하면 우리는 '멕시코 4강 신화'를 떠올린다. 지난 1983년 멕시코에서 열린 세계청소년축구대회에서 박종환 감독이 이끄는 우리 청소년 대표팀은 전문가들의 예상을 뒤엎고 4강에 진출, 세계 축구계를 경악케 했다. 전후반을 쉴새없이 뛰는 체력과 기동력, 빠르고 정확한 패스 워크와 골 결정력 등 당시 우리 청소년 대표팀이 보여준 모습은 '경이(驚異)' 그 자체였다. 요즈음 대표팀의 경기마다 열광적인 응원을 보내는 '붉은 악마'들은 바로 그때 외국 언론들이 우리 청소년 대표팀을 일컫던 'Red Furies'에서 유래한 말이다('붉은 악마'라는 어감이 싫은 사람이나 'Red Furies'가 'Red Devils'로 둔갑한 꼴이 한심해 보이는 사람들은 자기네들끼리 모여서 '하얀 천사들' 같은 것을 만들면 된다).

멕시코에서 돌아온 박종환은 국민적 영웅이 되었다. 대한축구협회는 멕시코 청소년대회 대표팀을 중심으로 88올림픽 대표팀을 구성하겠다고 선언했고, 감독은 당연히 박종환으로 결정되었다. 그러나 우리 축구계에서 '비주류'에 속하는 박종환이 88년까지 버티는 것은 거의 불가능했다. 박종환의 인기가 올라가는 것에 비례하여 '주류' 축구인들의 견제 또한 심해졌다. 86년 서울 아시안 게임 때 약속과는 달리 올림픽 대표팀 대신 월드컵 대표팀을 출전시키기로 결정하자 박종환은 '감독 사퇴'라는 강수(强手)로 저항했지만, 그건 바로 주류 축구인들이 바라던 바였다. 결국 박종환은 야인(野人)으로 돌아가 권토중래(捲土重來)를 노리는 수밖에 없었다.

박종환이 국내에서 부침을 거듭하는 동안 차범근은 독일 분데스리가에서 '갈색의 폭격기'로 명성을 날리고 있었다. 19세의 어린 나이로 태극 마크를 단 이후 대표팀 부동의 라이트 윙이자 아시아 최고의 공격수로 맹활약하던 차범근은 1979년 세계 최고 수준을 자랑하던 분데스리가에 진출, 10년 동안 308회 출장에 98골이라는 대기록을 세우며 세계적인 선수로 떠올랐다. 한국 축구 사상 최고의 스타 플레이어가 탄생한 것이다.

1989년 말 분데스리가 생활을 마치고 귀국한 차범근은 1991년 초 프로축구 현대팀 감독으로 취임했다. 그의 취임일성(就任一聲)은 "삼 년 안에 팀을 우승으로 이끌겠다"는 호언장담(豪言壯談)이었다. 그러나 현대팀은 그뒤 4년이 지나도록 한 번도 정상에 오르지 못했고, 그에게 돌아온 것은 해임통보와 함께 "한국 무대 적응 실패"라는 비아냥이었다. '프로 정신'이 투철한 그의 눈에는 시합 전날에도 술을 마시고 포커를 치는 우리 프로축구 문화가 프로는커녕 동네 축구와 별다를 것 없는 것으로 보였을 것이다. 결국 '눈높이 축구'를 실천하지 못한 셈이다.

올림픽 대표팀 감독을 사퇴하고 프로축구 일화 팀의 창단 감독으로 부임한 박종환은 무명 선수들을 모아 강팀을 만드는 그의 특기를 유감없이 발휘했다. 일화의 경기가 있는 날이면 수많은 팬들이 몰려들어 "박종환! 박종환!"을 연호했다. 박종환은 다른 팀들의 집중적인 견제 속에서도 '신의 손' 사리체프와 신태용, 고정운을 앞세워 프로축구 정규리그 3연패라는 대업을 성취함으로써 자신이 한국 최고의 감독임을 증명했다. 이제 그에게 남은 인생의 목표는 단 하나, 월드컵 대표팀 감독이었다.

1996년 5월 축구협회는 드디어 그를 대표팀 감독으로 임명했다. "좋은 성적을 내면 월드컵 대표팀을 맡길 수도 있다"는 애매모호한 조건과 함께였다. 그러나 박종환을 기다리고 있던 것은 월드컵 대표팀 사령탑이 아니라 '두바이의 치욕'이었다. 그해 말 아랍 에미레이트에서 열린 아시아 축구 선수권대회에 참가한 우리 대표팀은 시종 무기력한 경기를 펼친 끝에 준준결승에서 이란에게 6대 2로 참패했고, 한국 축구는 절체절명의 위기에 빠졌다. "축구계의 '열하나회'가 박종환을 사보타주했다"는 등 해괴한 소문이 나돌고, 분노한 축구 팬들이 "이 땅에 더이상 축구가 존재할 이유가 없다"며 아우성을 치는 상황이었다. 박종환은 이런 사태에 대한 책임을 지고 전격 사퇴했고, 축구협회는 차범근을 대표팀 감독에 임명하여 '한국 축구 부활'이라는 대명(大命)을 맡겼다.

차범근이 물려받은 대표팀은 만신창이였다. 황선홍을 비롯, 많은 선수들이 크고 작은 부상에 시달리고 있었고, 대표선수들의 사기는 땅에 떨어져 있었다. 그러나 차범근은 포기하지 않았다. 차범근은 현대팀을 그만두고 2년간 야인(野人) 생활을 하면서도 축구만을 생각하며 살았다. 그는 어린이 축구교실을 운영하는 한편 틈틈이 경기장을 찾아 선수들에 대한 정보를 수집했다. '차범근의 X파일'로 유명해진 그의 노트북 컴퓨터에는 매일매일 축구에 대한 그의 구상이 꼼꼼히 채워졌다.

이렇게 치밀하게 준비된 데이터를 바탕으로 그는 '템포 축구'로 요약되는 독일식 선진축구를 대표팀에 접목시키기 시작했다. 탄탄한 수비, 재빠른 공수 전환, 그리고 높은 골 결정력을 특징으로 하는 그의 축구철학은 사실 축구감독이라면 누구나 추구하는 것이다. 세상에 어떤 미친 감독이 '느슨한 수비, 거북이 같은 공수 전환, 골은 못 넣어도 슛은 폼 나게 할 것' 따위를 축구철학이랍시고 내세우겠는가? 문제는 이런 '희망사항'을 어떻게 '실천사항'으로 만드느냐이다.

차범근은 그 해답을 선수들의 집중력에서 찾았다. 그는 작은 패스 미스 하나에도 집중력 부족을 반성하게 하고 국가대표로서의 사명감을 강조했다. 또한 철저한 데이터 관리에 따른 합리적인 의사 결정으로 개성이 강한 대표선수들을 장악해나갔다. 그리고 그 결과는 '도쿄 대첩'을 비롯한 눈부신 성공으로 나타났다. 우리 대표팀은 6승 1무 1패라는 좋은 성적으로 아시아 지역 최종 예선전을 마감하며 프랑스 월드컵 직행 티켓을 따냈다. 1년 전 '두바이의 치욕'에 분노하던 축구 팬들은 이젠 "차범근을 대통령으로"라는 구호를 외치며 열광하고 있다. 그리고 그런 분위기 속에서 '멕시코 4강 신화'에 빛나는 냉정한 승부사 박종환은 어느새 잊혀진 사람이 되었다.

　그러나 대중의 인기란 어차피 물거품 같은 것. 세월이 지나면 차범근 역시 대중의 기억에서 사라질 것이다. 중요한 것은 박종환과 차범근 모두 한국 축구의 현재를 있게 한 위대한 승부사들이며, 한국 축구의 미래 또한 그들이 뿌려놓은 프로 의식과 열정을 바탕으로 성장할 것이라는 사실이다.

(1997)

내가 스포츠신문을 끊은 이유

나는 자타가 공인하는 '운동중독증 환자'다. 대학에서 학생들을 가르치는 '지식인'이 기껏 운동경기에나 열을 올린다는 힐난이 있는 줄은 잘 알지만, 그저 쓸데없이 말만 늘어놓는 지식인들보다는 정정당당한 승부의 세계를 살아가는 정통 체육인들을 더욱 존경하는 까닭에 그 동안 나는 낭낭한 태도로 스포츠신문을 구독해왔다. 추잡하고 더러운 정쟁과 사회를 불안하게 만드는 강력 사건들 위주로 세상을 바라보는 불균형한 시각에서 벗어나 '선선하고 깊이 있는' 스포츠기사를 집중 탐구함으로써 짧은 인생의 질과 품위를 높이겠다는 것이 그 이유였다.

사실 일반 신문기사를 읽으며 인간에 대해 감동하고 사랑을 느끼는 경우가 얼마나 되겠는가. 그저 저마다 우국지사가 되어 세상을 비난하고 한탄할 뿐일 것이다. 반면에 스포츠는 인간의 도전과 응전, 환희와 좌절, 성취와 허무를 극명하게 교차시켜 보여주며 우리 인생의 카타르시스 역할을 한다. 따라서 모름지기 건전한 인생을 살아가려는 사람이라면 스스로 체육활동에 참여하고 경기장을 찾아가는 것은 기본이고, 거기에서 더 나아가 스포츠신문을 읽으며 그 감동의 순간들을 다시 반추하고 음미하는 것이 필수라는 것이 내 지론이었다.

그러나 막상 스포츠신문을 구독하고 보니 위와 같은 주장은 현실을 몰라도 너무나 모르는 허튼소리라는 것을 금방 깨닫게 되었다. 우선 우리나라 스포츠신문은 말만 그렇지 실제로는 스포츠신문이 아니다. 아무리 상업주의가 판치는 세상이라지만 어떻게 스포츠신문에 요상한 잡종 연예기사들이 스포츠기사보다 더 많이 실려 있을 수 있는가? 그것도 대부분은 사기성이 농후한 창작기사들이다. 지면을 가득 채운 "서태지와 아이들 컴백 선언"이란 타이틀에 놀라 다시 한번 들여다보면 깨알만한 글씨로 "할까?"라는 부제가 붙어 있다. "최수종, 교통사고로 식물인간" 같은 제목을 봐도 놀라지 말라. 바로 옆에 "〈첫사랑〉에서"라는 설명이 곁들여 있을 테니까.

그뿐인가. 스포츠기사에서도 경기종목간의 균형감각이라든가 보다 차원 높은 스포츠문화를 창달하겠다는 의지 같은 것은 찾아보기 힘들다. 무슨 이유인지는 모르지만 무조건 프로야구로 시작하여 축구, 농구, 그리고 기타 다른 종목으로 이어지는 안일하고 지루한 편집이 일년 내내 계속된다. 특히 분통이 터지는 것은 스포츠 이벤트의 경중을 터무니없이 왜곡하는 작태다. 1995년 겨울 우리나라 여자 핸드볼 대표팀이 세계선수권대회에서 우승을 차지하는 기적을 일궈

냈을 때 스포츠신문들은 이미 모든 경기 일정을 마치고 스토브리그에 들어간 프로야구 선수들의 연봉협상 얘기나 늘어놓고 있었다. 1996년 봄 세계적인 배드민턴 스타 박주봉과 나경민이 전영 오픈 혼합복식 부문을 제패했을 때에도 스포츠신문들의 머리기사는 서장훈 본인의 표현을 빌리면 "산호세에 있을 때는 지나가던 개도 쳐다보지 않던" 서장훈의 귀국 소식이었다. 1997년 봄에는 우리나라 여자 쇼트트랙의 간판스타 전이경이 일본 나가노에서 열린 쇼트트랙 세계선수권대회에서 개인종합우승을 차지, 세계선수권대회 3연패라는 위업을 달성했지만, 스포츠신문들의 앞면은 이름 모를 여배우의 선정적인 사진으로 도배되어 있을 뿐이었다. 이렇게 우리 선수들이 이룩한 진짜로 위대한 업적들은 거들떠보지도 않다가도 올림픽만 가까워지면 갑자기 나타나서 무조건 금메달을 따내라고 난리를 친다.

더욱 불행한 것은 그나마 얼마 안 되는 스포츠기사의 질적 수준이 기대 이하라는 것이다. 어떻게 된 것이 '스포츠 전문지'가 일반 신문의 '스포츠 섹션'보다도 기사의 질이 뒤떨어진다. 특히 월드컵이나 올림픽처럼 다른 일간지에서도 한두 면을 특별히 할애하여 집중적으로 다루는 경우엔 그 차이가 더욱 두드러진다. 스포츠신문엔 쓸데없이 경기 장면 사진만 대문짝만하게 나올 뿐 정작 깊이 있는 기사는 찾아보기가 힘들다. 이래가지고서야 어디 고두현, 오도광, 김광희 등 스포츠 대기자들의 맥을 잇는 우수한 스포츠 평론가들을 배출해낼 수 있겠는가.

결국 나는 지난 1997년 4월 '스포츠신문 구독중지'라는 '고독한

결단'을 내릴 수밖에 없었다. 만일 스포츠신문들이 앞으로도 지금처럼 대중문화를 오염시키는 저질 황색언론의 앞장을 설 계획이라면 아예 이름부터 '쑥덕쑥덕 연예가' '연예가 뺑덕어미' 따위로 바꾸고 '스포츠 전문지'란 간판을 내릴 것을 권고한다. 스포츠신문의 타락은 필연적으로 스포츠문화의 타락을 가져오고, 더 나아가서 대중문화의 전반적인 타락으로 이어지기 때문이다.

그러나 나는 지금도 틈나는 대로 지하철역에서 스포츠신문을 사보며 호시탐탐 '재결합'의 기회를 노리고 있다. 스포츠신문들이 환골탈태하여 스포츠 세계가 가져다주는 정정당당한 승부의 감동을 진지하게 전해준다면 나는 다시 기꺼이 스포츠신문을 구독할 것이다. 그리고 그날이 멀지 않은 미래이기를 진심으로 희망한다.

(1997)

* 그러나 불행하게도 2006년 현재까지 내가 다시 스포츠신문을 다시 구독할 만한 정당한 이유는 찾을 수가 없다.

심판은 홈팀에게 유리한 판정을 하라(?)

이게 지난주 프로구단 감독들과 심판들의 회의에서 감독들이 건의한 내용이란다. 홈팀의 승률을 높이기 위해 홈팀에 유리한 판정을 내려달라는 말이다. 이걸 도대체 말이라고 하는 걸까? 월드컵 이후 터질듯이 부풀어오른 축구 팬들의 기대를 이런 식으로 배신하는 게 우리 나라 프로축구 감독들의 수준인가?

홈팀의 어드밴티지란 우선 선수들에게 익숙한 구장과 환경, 열광적으로 응원하는 팬들, 이런저런 이유 때문에 편안하고 침착한 마음, 그러면서도 기필코 이기고 싶은 투지가 끓어오르는 것…… 이런 것들을 말하는 것이다. 그런데 홈팀을 위해 심판이 마음먹고 유리한 판정을 내린다면 그게 무슨 축구인가? 심판도 사람이니까 자기도 모르게 분위기에 휩쓸려 홈팀에 유리한 판정을 내릴 수도 있을 것이다. 그렇다면 그렇게 되지 않도록 스스로 더욱 노력하여 더욱 공정한 판결을 내릴 수 있도록 힘을 쏟아야 할 텐데 아니 이건 오히려 그런 잘못을 격려, 권장하고 있는 꼴 아닌가?

어쩌면 이렇게 스스로 굴러들어온 기회를 망쳐버리는 데는 세계적인 수준인지 도대체 알 수가 없다. 축구인들이여, 부디 각성하라. 1998년 프랑스 월드컵 이후에 이동국, 고종수, 안정환 등 떠오르는 별들 덕분에 프로축구의 열기가 대단했었다. 그런데 그때 몇몇 스타들에게만 의존하는 마케팅 전략을 세웠다가 보기 좋게 실패하지 않았는가? 안정환은 그때 구단의 지원을 받아 그가 기록한 골 중 거의 반에 가까운 골을 페널티킥으로 기록했었다. 그냥 내버려둬도 잘할 선수를 왜 그렇게 이상하게 망쳐놓는가? 이런 잔꾀가 바로 축구 팬들을 경기장에서 멀어지게 하는 요인 중의 하나이다.

축구 팬들은 정정당당하고 흥미진진한 경기를 원한다. 누가 봐도 심판이 홈팀의 편을 들어주는 경기라면 박진감이 떨어질 것이 분명하며 판정시비는 더욱 불거질 것이다. 홈팀의 승률이 높기를 원한다면 열심히 연구하고 열심히 훈련시켜라. 우리나라 최고 수준의 감독이라는 프로구단 감독들이 어떻게 감히 심판들에게 사기를 쳐달라고 부닥힐 수 있단 말인가. 그야말로 하늘을 보며 통곡하고 싶은 심정이다.

(2002)

저럴 땐 의사가 총알같이 튀어올라왔으면

지난 주말 전주에 출장을 갔다. 서울대학교 부총장을 지낸 화려한 경력을 뒤로 하고 자립형 사립 고등학교의 '자립형 교장 선생님'으로 새출발을 하신, 내가 가장 존경하는 스승님을 위한 '위문 공연' 때문이었다. '공연'이 끝나고 선생님께서 잠자리에 드신 후 나는 소리를 작게 줄이고 TV를 켰다. 마침 권투경기를 보여주고 있었다. 지금은 쌀쌀한 초봄인데 관중들이 아직 짧은 셔츠 차림인 것을 보니 지난 여름에 열렸던 경기를 녹화 방영하는 모양이었다.

내가 본 경기는 국가대표 출신 아마추어 채승석의 프로 데뷔전이었다. 상대는 어디에서 본 듯한 무명의 김성용. 경기가 시작되자 기량 차이가 확연하게 드러났다. 채승석의 짧고 빠른 펀치에 김성용은 속수무책이었다. 채승석은 다양한 기술을 선보이며 김성용을 일방적으로 두들기기 시작했다. 그러나 김성용의 투혼은 존경할 만했다. 그렇게 일방적으로 맞으면서도 커다란 훅을 휘두르며 끈질기게 달려들었다. 저렇게 기량 차이가 나는 상대를 제때에 끝내주지 못하는 채승석의 펀치력에 의심을 품을 지경이 되었을 때 타월이 들어왔다. 채승석의 5회 TKO승이었다.

그런데 나는 안타까웠다. 그 자리에 당연히 있어야 할 것이 보이질 않았기 때문이다. 바로 김성용을 검진해야 할 의사였다. 물론 링 닥터는 있었다. 그러나 우리나라에서는 경기중에 눈 위를 찢긴 선수가 경기를 계속 해도 되는지 안 되는지를 판정하는 의사는 있어도, 선수가 강력한 펀치를 맞고 쓰러져 KO로 지고 나면 '어디선가 총알같이 튀어올라와' 선수의 동공을 점검하고 간단한 응급처치를 해주는 의사는 없는 모양이었다. 저렇게 커다란 충격을 받은 선수를 그냥 링 밖으로 끌어내려 탈의실까지 데려가서 그뒤에야 제대로 검진을 하겠다는 얘긴가? 그건 정말 해주는 것이겠지?

지금 우리나라 권투는 위기라고 한다. 세계 챔피언도 없고 팬들의 열기도 시들하다고 한다. 그러나 나는 권투처럼 위험한 경기에서 선수들의 건강을 보호할 장치가 아직도 미흡하다는 것이 더욱 커다란 위기라고 생각한다. 나는 앞으로 우리나라에서 심기수, 홍수환, 유제두, 박찬희, 장정구, 유명우 같은 위대한 챔피언이 많이 나오길 기대한다. 그러나 그보다 먼저 선수의 건강을 지키기 위해 링 위로 총알같이 튀어올라오는, 그런 의사를 보고 싶다. 그리고 이건 당장 내일부터라도 할 수 있는 일 아닌가?

(2003)

서울운동장이 없어진다

1977년 3월 어느 날(이런 건 숭실대 장원재 교수에게 물어보면 정확한 날짜와 시간을 가르쳐준다), 나는 『수학의 정석』을 가방에 집어넣고 서울운동장을 찾았다(지금은 '동대문운동장'이라고 불리지만 나는 창씨개명하기 전의 이름이 더 좋다). 둘째 고모부께서 한국과 이스라엘의 월드컵 예선 경기 표를 한 장 주셨기 때문이다(그 다음부터 둘째 고모부를 아버지 다음으로 존경하게 된 것은 물론이다). 경기가 시작되기 한참 전에 운동장에 도착한 나는 본부석 맞은편의 좋은 자리를 차지하고 앉아 바로 다음날 치러야 할 월말고사에 대비하여 『수학의 정석』을 꺼내놓고 수학 문제를 풀기 시작했다. 그러나 '범생이 흉내'는 오래 가지 못했다. 양팀 선수들이 나와 몸을 풀기 시작하자 운동장에서 눈을 뗄 수 없게 된 것이다. 월말고사는 자연스럽게 포기해버렸다. 그리고 그런 희생은 가슴 뜨거운 감동으로 보상을 받았다. 차범근의 왼발 슛으로 앞서가기 시작한 한국은 한때 동점을 허용하여 관중석이 그야말로 찬물을 끼얹은 듯 조용해진 적도 있었지만, 후반 들어 박상인과 최종덕이 연속 골을 터뜨리며 3대 1로 멋진 승리를 거두었다. 특히 경기 종료 직전에 터진 최종덕의 40미터 장거리 슛은 월말고사 성적 따위와는 비교할 수 없는 눈부신 추억을 선사해주었다.

그런데 그 서울운동장이 없어진다고 한다. 청계천 복원 공사 때문에 주차장으로 쓰일 것이란다. 기가 막힌 일이다. 서울운동장은 나뿐만 아니라 수많은 대한민국 국민들에게 많은 추억과 감동을 안겨준 곳이다. 이런 추억과 감동도 지켜내지 못하면서 어떻게 몇백 년 전통이 서려 있는 도시를 만들겠다는 말인가? 또 서울운동장은 많은 시민들에게 생활체육 공간으로서의 역할도 함께 해왔다. 이렇게 소중한 시설이 그냥 주차장이 되어버린다니 너무나 답답한 일이다.

도대체 이 도시에는 사람이 숨쉴 만한 공간이 너무나 부족하다. 많은 사람이 몰려 살기 때문에 조그마한 공간이라도 아쉬운 건 이해가 가지만 그럴수록 그나마 있는 공간이라도 지켜야 하는 게 아닐까? 지금도 여러 대학과 초·중·고등학교에는 운동장을 없애고 연구실과 교실을 짓는 공사가 벌어지고 있다. 유치한 질문이 저절로 튀어나온다.

"그저 만만한 게 운동장인가?"

연구 공간도 부족할 테고, 주차 공간도 부족할 테고, 경제활동 공간도 부족할 것이다. 그러나 그렇다고 해서 이런 식으로 운동장만 잡아먹다가는 우리 모두가 얼마 안 가 순대 속의 고기나 당면 조각 신세로 전락하고 말 것이다. 나는 이미 순대 속에 들어가 살고 있는 듯한 기분이다.

(2002)

그 잘난 정규방송 때문에!!

오늘은 모처럼 일찍 집에 들어왔다. 프로농구 2002~2003 시즌 LG와 TG의 4강 플레이오프 2차전 때문이었다(사실은 순전히 허재 때문이었다).

경기 내용은 내가 기대했던 대로 진행됐다. 허재는 '전성기 때보다는 한참 못하지만' 정말 눈부신 활약을 펼쳤다(지금의 허재를 두고 "전성기와 다름없다"는 표현을 쓰는 사람을 보면 나는 극도로 열이 받는다. 당신이 그때의 허재를 봤어? 제대로 보기가 했냐고!). 허재에게 '왕좌 복귀'의 꿈을 갖게 해준 김주성 역시 멋있었다(허재는 중앙대학교를 졸업한 김주성을 지명하고 "만세!!"를 외쳤다고 했다). 백아(伯牙)와 종자기(鐘子期)가 저랬을까? 허재와 김주성의 콤비 플레이는 그야말로 환상적이었다.

그런데 경기 종료 5분 47초를 남겨놓고 정말 재수 없는 일이 벌어졌다.

"정규방송 관계로 중계방송을 마칩니다. 시청자 여러분의 양해를 바랍니다."

아니, 무슨 선택권이 있어야 '양해(諒解)'고 '혜량(惠諒)'이고 있는 것 아닌가? 이건 순전히 일방적으로 펀치를 날리며 "미안해, 미안해" 하는 꼴이 아닌가?

나는 그 와중에도 필사적으로 화면에 매달려 스코어가 69대 60이 되는 것까지는 확인을 했다. 그러고는 이리저리 채널을 돌리며 마지막 안간힘을 썼지만 결론은 절망이었다.

"자세한 소식은 '스포츠 뉴스' 시간에 전해드리겠습니다."

거짓말 좀 그만 해라. 어떻게 스포츠 뉴스 시간에 '자세한 소식'을 전해줄 수 있단 말인가? 그 잘난 '정규방송' 15분쯤 늦게 하면 도대체 무슨 천재지변이라도 일어난다는 말인가? 혹시 스포츠 뉴스의 시청률을 올리기 위한 고육지책이 아닐까? 그러나 그건 정말 어리석은 일이다. 나 같은 인간들은 중계방송을 본 뒤에도 스포츠 뉴스를 통해 주요 장면들을 확인하고, 다음날 스포츠신문을 사서 되새김질까지 한다. 그런데 도대체 왜 그럴까?

나는 프로농구연맹을 비롯하여 모든 스포츠협회에 부탁하고 싶다. 앞으로는 방송 중계권 협상을 할 때 '반드시 경기가 끝날 때까지 중계할 것'을 확실하게 계약 내용에 집어넣어주기 바란다. 지금도 나 같은 인간은 가슴이 콩닥콩닥 뛰고 전신에 식은땀이 흐르는 '정규방송 관계로 증후근'에 시달리고 있다. 불쌍하지도 않은가?

(2003)

테니스, 학원 라이벌전

어느 금요일 오후 모처럼 집에 일찍 들어가 TV를 켰다. 소강배 테니스 남자 고등부 단체전 결승전 건대부고와 포항고의 경기가 벌어지고 있었다. 아니, 웬 고등학교 테니스? 그렇지만 존 맥켄로도, 이형택도 한때는 고등학생이었다는 걸 기억하자.

내가 본 것은 네번째 단식 경기였다. 건대부고가 2대 1로 리드하고 있었지만 다들 최종 단식까지 갈 것으로 예측하는 분위기였다. 포항고의 난식 선수가 바로 한국 주니어 랭킹 1위 석현준이었기 때문이다. 상대는 건대부고 2학년 조민혁. 석현준이 뭔가 관록(?)이 있어 보이는 데 반해 조민혁은 너무 앳돼 보여 아직 중학생 같았다. 올해 16세 이하 주니어 챔피언이라고는 하지만 세계 주니어 랭킹 10위권이라는 석현준의 막강한 실력을 버텨내기는 힘들 것으로 보였다.

경기 내용은 예상했던 대로 석현준의 일방적인 독주였다. 석현준은 파워 넘치고 안정된 스트로크를 바탕으로 조민혁을 몰아붙여 게임 스코어 5대 0으로 앞서 나갔다. 그러나 경기는 그때부터가 시작이었다. 더이상 밀릴 것도 잃을 것도 없는 조민혁이 펄펄 날기 시작하며 맹렬한 추격을 개시한 것이다. 대각선 스트로크를 주고받다가 드롭샷에 이은 멋진 발리, 상대의 드롭샷은 미리 예측하고 빠른 발걸음으로 따라가 패싱샷…… 도대체 새파란 고등학교 2학년생이 어떻게 저렇게 다양한 샷을 구사할 수 있는지 그야말로 감동의 물결이었다. 조민혁은 상상력을 최고로 발휘한 창의적인 플레이로 석현준을 농락하며 7대 5로 첫 세트를 따내고 말았다. 정말 만화에서나 볼 수 있는 기적 같은 역전극이었다.

2세트에 들어서도 일단 불붙은 조민혁의 기세는 수그러들 줄 몰랐다. 첫 게임을 따내 1대 0. 그러니까 5대 0으로 뒤진 이후 내리 여덟 게임을 따낸 것이다. 경기는 더욱더 흥미진진해졌다. 이 두 사람은 앞으로도 수없이 맞붙어 이렇게 훌륭한 승부를 펼칠 것이다. 그래서 우리나라 테니스를 눈부시게 발전시킬 것이다. 이런 뜨거운 흥분이 온몸으로 느껴졌다.

그러나 神은 누구도 예상하지 못한 뜻밖의 시나리오를 준비하고 있었다(여기서 그 시나리오를 예측한 사람은 천재다. 그러나 비비꼬인 천재다). '정규방송 관계로' (으윽!) 중계방송이 중단된 것이다. 아아…… 이럴 수가!!

그날 밤 나는 스포츠 뉴스와 인터넷을 여기저기 뒤진 끝에 2세트에서도 조민혁이 석현준을 6대 3으로 눌러 소속팀을 우승시키며 최우수 선수에 뽑혔다는 짜릿한 소식을 알아낼 수 있었다. 그래도 "정규방송 관계로……"라는 자막이 나오던 순간의 황당함과 분노는 아직도 가시질 않는다.

(2003)

나는 그래도 태극 마크가 좋다

얼마 전 축구를 지나치게 사랑하는 사람들 몇몇이 모여 한국 축구의 장래에 대해 진지한 토론을 벌이는데 한 선배가 더이상은 못 참겠다는 듯이 부르짖었다. "이중에서 가슴에 태극 마크를 달아본 사람은 나뿐이야!" 그 이후 다른 사람들이 하는 말은 그저 '개 짖는 소리'가 됐고, 그 선배의 거룩한 말씀은 '복음'이 되었다. 별수 있겠는가? '가슴에 태극 마크를 달아본' 사람이 하는 얘기인데.

그런데 이렇게 거룩한 권위를 자랑하는 '가슴의 태극 마크'가 국가대표팀 유니폼에서 곧 퇴출될 것이라고 한다. 축구 선진국의 대표 선수들은 가슴 왼쪽에 축구협회의 문장을 붙이고 나오는 것이 국제적인 흐름이며 우리처럼 떡하니 국기를 붙이고 나오는 '촌스러운(!)' 나라는 드물다는 것이다.

나는 젊은 시절 외국에서 생활할 때 어쩌다가 애국가가 흘러나오면 가슴이 뭉클해지고 눈물이 핑 돌곤 했었다. 촌스럽게 무슨 국민의례냐고 투덜대는 사람들도 있었지만 그때마다 나는 굳게 다짐했었다. "촌스러워도 좋다. 튼튼하게만 자라다오. 우리 대한민국." 그리고 이런 유치한 수준의 애국심이 크게 잘못됐다고 생각하지도 않는다. 이런 나에게 '가슴의 태극 마크'를 퇴출시킨다는 것은 서울 시내에서 남산을 없애자는 얘기나 마찬가지다. 생각해보라. 남산이 없어지면 내일부터 애국가 2절은 어떻게 부를 것인가?

이런 상념에 젖어들다보니 그만 나도 모르게 열이 받아서 절친한 축구전문가(숭실대학교 장원재 교수다)에게 전화를 걸었다.

"그 잘난 축구 선진국들은 언제부터 국기 대신 축구협회 문장을 가슴에 달고 나왔대?"

"아마 월드컵이 시작될 때부터죠? 월드컵 자체가 국가 대항전이 아니라 축구협회 대항전이니까요."

"그럼 가슴에 국기를 달고 나오는 나라는 어디어디인데?"

"우리나라, 중국, 태국…… 뭐, 축구 후진국들이죠."

"우리나라가 축구 후진국인 것 맞잖아? 후진국이면 후진국답게 놀아야지!"

"그래도 월드컵을 개최하는 나라가 세계적인 흐름에 그렇게 뒤처져서야 되나요?"

이렇게 합리적인 주장에 더이상 시비를 걸 수는 없다. 그렇지만 어린 시절 축구를 처음 배운 순간부터 언제나 내 가슴을 뛰게 만들었던 '가슴의 태극 마크'가 이렇게 사라진다는 건 정말 아쉬운 일이다. 지금이라도 대한축구협회의 호랑이 문장을, 현대적으로 형상화한 태극 마크로 바꾸면 안 될까? 아니면 호랑이 눈알에 태극 마크를 그려넣든지.

(2002)

거꾸로 나타나는 월드컵 효과?

그 동안 나는 하루하루 손꼽아 월드컵만 기다리며 살아왔다. 그런데 이제는 월드컵이 너무 빠른 속도로 다가오는 게 싫다. 그만큼 빠른 속도로 월드컵이 끝날 테고 그 다음엔 무슨 재미로 살아갈지 막막하기 때문이다.

월드컵이 가져다줄 파급 효과에 대해서는 사람마다 여러 가지 의견이 있겠지만, 내가 생각하는 가장 중요한 효과는 많은 사람들이 축구를 좋아하게 되는 것이다. 세계 최고 수준의 선수들이 펼치는 환상적인 플레이를 본 후 "아, 나도 저런 걸 한번 해볼까?" 하는 생각이 들어 실제로 축구를 직접 하게 되면 금상첨화일 것이다. 어느 운동이든 "하는 것>보는 것>……>스포츠를 빙자하여 사기치는 것"의 순서로 부등식이 성립하기 때문이다.

그런데 우리나라에서는 월드컵 효과가 거꾸로 나타나는 것 같다. 축구를 할 수 있는 운동장이 오히려 점점 줄어들고 있는 것이다. 내가 잘 알고 있는 '어느 국립대학교'만 해도 학부생 2만여 명을 포함하여 총 인구가 3만 명을 넘나드는 '대도시'인데 운동장은 1.6개(대운동장=1, 기숙사 운동장=0.6)밖에 없다. '연구 공간 확보' 같은 거룩한 명분 아래 멀쩡한 운동장을 말살하는 참극이 벌어졌기 때문이다. 겨우 살아남은 기숙사 운동장은 너무 작아서 킥오프 할 때 수비진이 직접 슈팅에 대비하여 벽을 쌓아야 한다. 대운동장에는 너무나 많은 학생들이 몰려들어, 체육 수업이나 운동부 훈련도 정상적으로 진행되지 못한다. 축구 좀 해보겠다고 대운동장에 나온 대부분의 학생들은 골대 뒤에서 골목 축구를 하며 아쉬움을 달랠 수밖에 없다.

더욱 심각한 것은 전국의 초·중·고등학교에서 학급당 학생 수를 줄이기 위해 운동장에 교실을 짓고 있다는 사실이다. 이런 짓을 태연히 자행할 수 있는 사람들 눈에는 운동장이 그저 '공터'로만 보이는 모양이다(그런 사람들의 머리야말로 '진짜 공터'가 아닐까?).

모든 교육은 지·덕·체가 조화와 균형을 이루어야 한다. 학교 운동장은 엄연한 교육의 공간이다. 체육 교육은 몸과 마음을 건강하게 만들어준다. 특히 축구 같은 단체 운동은 학생들로 하여금 협동심, 책임감, 자기 절제 능력, 적극적인 태도 등을 길러주어 '독립적이며 서로를 배려할 줄 아는 개인'으로 자라나게 한다('톨레랑스'같은 것도 어린 시절부터 축구만 '제대로(!)' 배우면 저절로 갖춰지는 덕목이다). 그런데 지금 각급 학교에서는 '운동장 없애기 월드컵'을 벌이고 있으니 우리 아이들은 도대체 어떤 괴물로 자라나게 될까?

(하긴 멀쩡한 운동장을 함부로 없애는 지금의 어른들보다 더 나빠지기는 어렵겠지만).

(2002)

채점결과 발표

얼마 전 프로복싱 슈퍼 페더급 한국 타이틀 매치를 봤다. 기량이 뛰어난 챔피언 장우열과 투지 넘치는 도전자 조무영의 불꽃 튀는 접전이 벌어졌다. 경기가 끝난 뒤 챔피언의 한쪽 눈은 거의 감겨 있었다. 얼굴만 보면 도전자가 이긴 경기였다. 그러나 챔피언의 짧게 끊어 치는 펀치가 상당히 효과적이었기 때문에 채점 결과는 예상하기 어려웠다. 그런데 판정은 97대 93, 97대 94, 97대 94. 챔피언의 일방적인 승리였다. 이해할 수 없는 점수 차이였다.

그러나 더욱 이해할 수 없는 것은 채점 결과를 발표하는 방식이었다.

"제1 부심 홍코너 97, 청코너 93. 제2부심 홍코너 97, 청코너 94."

이쯤 되면 마지막 채점 결과는 들을 필요도 없다. 너무 드라이하지 않은가?

권투의 본고장 미국에서는 이렇게 발표를 한다.

"제1부심 97대 93(누가 이겼다는 얘기를 하지 않는다). 제2부심 97대 94(아직도 누가 이겼는지 모른다). 제3부심 97대 94(아직도 누가 이겼는지 모른다. 특히 점수 차이가 작을수록 더욱 긴장되고 흥분된다)."

그리고 발표를 계속한다.

"심판 전원일치의 판정으로…… (잠시 뜸을 들인 후) 현(!) 챔피언이(이제야 비로소 승부를 알게 되고 관중들이 환호한다) 타이틀 방어에 성공하였습니다."(도전자기 이겼을 경우에는 "새(!) 챔피언이……" 이렇게 발표한다.)

어떤가? 아까보다 훨씬 더 흥미진진하지 않은가?

여러 가지 경우의 수를 따져보면 3-0-0(승-무-패) 판정, 2-1-0 판정, 2-0-1 판정, 0-3-0 무승부, 1-2-0 무승부, 1-1-1 무승부 등이 나올 수 있다. 이중에서 0-3-0 무승부를 제외한 모든 경우에 도대체 누가 이겼는지, 승패가 결정되긴 한 건지 등을 마지막 순간에야 알 수 있도록 발표할 수가 있다.

예를 들어 1-1-1 무승부를 생각해보자. 제1 부심 96대 94(반 박자 쉬고), 홍코너, 제2 부심 96대 95(한 박자 쉬고), 청코너(이쯤 되면 가슴이 쿵쾅거리게 마련이다), 제3 부심 (두 박자 쉬고) 95대 95! 바로 이 순간 관중들은 챔피언이 가까스로 타이틀 방어에 성공한 것을 알게 된다.

이렇게 채점 발표 방식을 조금만 바꾸어도 마지막 순간까지 긴박감을 잃지 않는 분위기를 만들 수가 있다. 어떤가? 이제라도 바꾸고 싶지 않은가?

(2003)

FA컵 유감

 어젯밤에 하루 종일 2002년도 FA컵 입장권을 사기 위해 인터넷을 뒤졌다. 우선 일정을 알 수 없는 게 큰일이었다. '왼갖' 스포츠신문을 다 뒤져도 하루나 이틀 이후의 일정만 나와 있을 뿐 큼지막한 토너먼트 대진표를 찾을 수가 없었다. 그런데 무슨 재주로 제주도에 가서 경기를 보나? 다행히 12일과 15일에 준결승전, 결승전이 치러진다는 건 나와 있었다. 대한축구협회 홈페이지를 가서 FA컵을 쳤더니 역시 똑같은 결과. 답답하고 화가 나고…… 그런데 아뿔싸, 맨 처음 페이지를 자세히 살펴보니 FA컵 대진 일정이 나와 있는 것이었다. 불문곡직 'FA컵'이라고 써 있는 곳을 클릭한 내가 잘못이지.
 문제는 입장권. 대한축구협회 홈페이지에도, 이런저런 검색 엔진을 이용해 '티켓'이란 단어가 부분집합이 된 모든 사이트를 뒤져도 FA컵대회 입장권은 나와 있지도 않았다. 내가 인터넷 실력이 없어서 그렇다고 스스로를 채찍질해가며 밤새 뒤졌건만 그 어느 곳에도 나와 있지 않았다.

할 수 없이 다음날 축구협회 기관지 『축구 가족』에 전화를 했다. 내가 부탁을 한 기자가 축구협회 담당자에게 물어봤더니 현장 판매를 하니까 예매는 하지 않는다는 대답…… 아니 그럼 제주도까지 가서 표를 구하지 못해 축구 구경을 하지 못하면 어떻게 하냐니까 표가 많이 남으니까 걱정하지 말란다. 뭐, 이런 장사꾼이 다 있나? 자기네가 주최하는 축구대회에 자리가 많이 남을 테니 걱정하지 말라면 이런 사람이 기본적인 상식이 있는 건가?

하여간 나는 제주도까지 가서 미리 월드컵 경기장에서 진을 치고 있다가 조마조마한 마음으로 표를 산 뒤 투덜대며 경기를 보게 생겼다. 표를 구하지 못하면 축구협회에 폭음탄이라도 던져야지. 너무 화내지 말라. 폭탄이 아니다. 폭음탄이다. 아예 미리 던지고 갈까?

(2002)

젊은 넋을 위하여

해마다 4월이 되면 나는 춘계 대학축구연맹전을 기다린다. 따사로운 햇살을 가득 안고 젊음이 넘쳐흐르는 축구장의 열기를 호흡하는 것, 이게 바로 내 일상을 가장 활기 있게 만들어주는 것이기 때문이다. 대학연맹전은 마음먹기에 따라 하루에도 서너 경기는 볼 수 있으므로 '본전' 걱정은 하지 않아도 된다. 그리다가 너무나 마음에 드는 팀과 선수가 나타나면 결승전까지 쫓아가면 된다(그런데 해마다 그런 팀과 선수가 나타난다).

올해 춘계 대학연맹전은 속초에서 열렸다. 축구 못지않게 바다를 좋아하는 나는 호시탐탐 속초로 달려갈 기회만을 엿보고 있었다. 그런데 어느 날 신문을 보니 청천벽력 같은 기사가 눈에 들어왔다. 숭실대의 미드필더 김도연 선수가 경기 도중 쓰러져 그대로 숨을 거두었다는 것이다. 축구가 아무리 거친 경기라 해도 경기중에 선수가 사망하는 일은 (적어도 국내에서는) 한 번도 없었다. 그런데 혈기왕

성한 대학 축구선수가 경기중에 숨을 거두다니 이게 도대체 있을 수 있는 일인가?

언론 보도를 보니 경기장의 여건이 최악이었다는 것, 응급요원과 구급차가 대기하고 있지 않았다는 것 등 '단골 메뉴'가 되풀이되고 있다. 나는 이 분야의 전문가가 아니므로 김도연 선수의 직접적인, 그리고 구체적인 사망 원인이 무엇인지 알 수가 없지만, 이 사고에 대해 책임질 사람은 책임을 져야 할 것이고, 가족들은 정당한 보상을 받아야 할 것이다(아아, 그런다고 해서 그 꽃다운 젊음이 부모 품으로 다시 살아 돌아오겠는가?).

그러나 나는 이렇게 불행하고 어처구니없는 일이 어느 누가 특별히 나태하거나 악한 마음을 먹었기 때문에 일어났다고는 생각하지 않는다. 그리고 여기에 문제의 심각성이 있다고 생각한다. 다른 무엇보다도 인간의 생명과 안전을 우선하는 그런 축구문화, 그런 사회문화가 자리잡지 못했다는 증거이기 때문이다. "선진국에서는 어떻게 하더라" 따위의 예를 들 것도 없다. 그저 우리가 운동장에서 달리는 선수들의 부모, 형제, 애인이라면 어떻게 할 것인가를 생각해보면 될 것이 아닌가.

나는 이번 월드컵에서 적어도 개막경기와 우리나라 경기만큼은 고 김도연 선수를 기억하는 묵념 시간을 가지길 제안한다. 월드컵 무대에 서는 것이 평생의 꿈이었을 한 젊은 축구선수의 넋을 그렇게나마 위로해주지 않는다면 우리가 어찌 고개를 들고 축구를 사랑한다 말을 할 수 있겠는가?

그리고 정말 다시는 이런 일이 일어나지 않도록 하자. 다시는 이런 말도 할 필요가 없도록 하자. 그저 한없이 부끄럽고 안타까운 심정으로 고 김도연 선수의 명복을 빌 뿐이다.

(2002)

'육상의 봄'은 올 것인가

　　어린 시절 학교에서 운동회가 열리면 나는 두근거리는 가슴으로 그날의 '메인 이벤트'를 기다리곤 했다. 풍선 터뜨리기, 사탕 따먹기 따위 '애들 장난'이 끝나고 맛있는 점심을 먹고 나면 '메인 이벤트'가 시작된다. 전교생이 커다랗게 빙 둘러앉아 트랙을 만든 다음 우리 학교에서 가장 빠른 어린이들이 등장하는 '이어 달리기' 경기를 지켜보는 것이다. 어린이 운동회의 메인 이벤트가 '이어 달리기' 인 것처럼 올림픽을 비롯한 모든 종합경기대회의 하이라이트 역시 100미터 달리기나 마라톤 같은 육상경기다. (1996년 아틀랜타 올림픽에서) 메달이 가장 많은 종목도 모두 44개의 금메달이 걸려 있는 육상이다. 수영에도 육상에 버금가는 37개의 금메달이 걸려 있지만, 만일 육상도 수영처럼 종목을 잘게 나눈다면 육상에 걸린 금메달 수는 지금의 몇 배로 껑충 뛸 것이다(그렇지만 한번 생각해보라. 400미터 달리기를 '맘대로 빨리 달리기' '뒤로 달리기' '개구리처럼 폴짝

폴짝 뛰기' '나비처럼 훨훨 날듯이 달리기' '혼자서 요렇게 조렇게 앞으로 달렸다, 뒤로 달렸다, 폴짝폴짝 뛰었다, 훨훨 날았다 차례대로 바꿔가며 달리기' 따위로 종목을 나눈다면 육상경기가 얼마나 우스워지겠는가). 그러니까 파보 누르미, 제시 오웬스, 에밀 자토펙, 비킬라 아베베, 칼 루이스 등 우리가 올림픽의 영웅으로 기억하는 선수들이 대부분 육상선수들인 것은 당연한 일이다.

프랑스의 스포츠 일간지 『레퀴프』가 선정한 1997년 '올해의 선수'도 장대높이뛰기의 세계 신기록 제조기 세르게이 붑카였다. 그만큼 모든 스포츠 중에서 육상경기의 비중이 가장 크다는 얘기다. 물론 그 이유는 누구나 잘 알고 있는 것처럼 육상이 모든 운동의 기본이기 때문이다. 축구, 야구, 농구, 배구 등 인기 스포츠는 말할 것도 없고, 수영, 양궁, 스케이팅, 심지어는 사격, 볼링까지 모든 운동선수들의 훈련은 달리는 것으로부터 시작한다. 무슨 운동이든지 무엇보다도 잘 달리고, 잘 뛰고, 잘 던지는 것이 필요조건인 것이다.

그런데 우리나라는 말로는 세계 7대 스포츠 강국이니 어쩌니 떠들어 내면서도 이렇게 모든 운동의 기초가 되는 육상종목에서는 이렇다 할 성적을 올리지 못하고 있다. 1996년 아틀랜타 올림픽까지 우리나라가 올림픽에서 따낸 수많은 메달(금 38개, 은 42개, 동 46개) 가운데 육상에서 따낸 메달은 황영조의 금메달 한 개와 이봉주의 은메달 한 개가 전부다. 여자 양궁에 걸린 몇 개 안 되는 메달은 놀부처럼 금, 은, 동 할 것 없이 전부 다 따내기를 바라면서도 막상 금메달만 44개에 달하는 육상경기에서는 거의 아무것도 기대할 수 없는 우리 체육계의 현실이 마치 건실한 사회·문화적 토대를 미처 구축하지 못한 채 마구잡이로 달려오다 순식간에 무너져내린 우리 경제의 현주소와 닮은꼴인 것 같아 가슴 답답하기만 하다. 이제라도 더 늦기 전에 육상의 경기력 향상과 차원 높은 육상문화 정착에 힘써야 할 것이다.

요즘 높은 사람들은 하는 말마다 "IMF 시대 어쩌구……"가 아니면 "경제 식민지 시대 저쩌구……"로 시작하니 이제는 겁이 나다 못해 면역이 될 지경이다. 그리고 그 회오리바람은 체육계에도 휘몰아쳐서 가뜩이나 위축돼 있는 우리 육상계가 더욱 위축될까 걱정이다. 심지어는 역사와 전통을 자랑하는 동아마라톤대회도 1997년도 세계 랭킹 1, 2위인 칼리드 카누치와 엘리야 라카트를 비롯한 외국 선수들의 초청이 취소되고 우리나라 선수들끼리의 대회로 치러진다는 소식이다. 어떤 사람들은 국제 경쟁력이 있는 종목을 집중 육성해야지 이것저것 백화점식으로 잡다하게 투자하다보면 아무것도 제대로 되는 것이 없을 것이라는 논리를 펴면서 세계 수준과 격차가 큰 육상은 투사의 우선순위에서 배제되어야 한다고 주장한다. 언뜻 들으면 지극히 옳은 이야기 같다. 대부분의 육상 전문가들 역시 아무리 집중적인 투자가 이루어진다고 해도 우리나라의 육상 수준이 단시일 내에 세계 최고가 될 것이라고 생각하지는 않는다(그래도 김완기, 김재룡, 황영조가 등장하기 전 우리나라 마라톤의 수준을 생각하면 위와 같은 주장이 왠지 근거 없는 패배의식이 아닌가 하는 의심을 버리기 어렵다).

그러나 내가 우리나라 육상의 중흥을 주장하는 것은 기껏 올림픽에서 금메달이나 많이 따내자고 하는 소리가 아니다. 우리가 국가경쟁력 제고를 얘기할 때마다 정치혁신·금융개혁·첨단기술개발·노동생산성향상(제발 경영생산성도 좀 따져보자) 등을 주장하는 한편, 문학·역사·철학 등의 인문학과 수학·물리학·화학·생물학 등 기초과학의 육성을 강조하는 것은 그러한 기초학문 분야가 다른 분야에 비해서 단시일 내에 세계 최고 수준에 접근하기 쉬운 분야이기 때문에 그러는 것이 아니다. 오히려 어느 한 분야에서만이라도 세계 최고 수준에 도달하려면 그 기반이 되는 합리적인 사회구조와 기초과학 및 기술의 지원이 필수적이기 때문이다.

스포츠도 마찬가지다. 우리나라가 진정한 의미에서 세계적인 스포츠 강국이 되고 싶다면 우리 체육계도 보통 때는 프로야구나 '오빠 농구' 같은 몇몇 인기 종목의 단물을 빨아먹다가 정작 올림픽과 같은 결정적인 때가 오면 양궁, 레슬링, 쇼트트랙 등 소수의 '효자 종목'의 희생과 헌신에만 의지하는 기형적인 구조를 뜯어 고쳐야만 한다. 그리고 그러한 구조 개편의 중심에는 육상 부문의 경기력 향상과 차원 높은 육상문화가 자리잡아야 한다. 이러한 인식을 바탕으로 육상을 아끼고 사랑하는 모든 사람들이 힘을 모아 현명한 노력을 경주한다면 육상인들이 비원(悲願)처럼 얘기하는 '2000년대 초 육상 강국의 실현'이 그저 꿈같은 얘기만은 아닐 것이다.

(1997)

뿌린 만큼 거두려는 마음

　지난달 막을 내린 아테네 올림픽은 여러 가지 의미에서 오래오래 기억에 남을 것 같다. 심판진의 어이없는 계산 실수로 놓친 양태영의 금메달부터 '올림픽의 꽃'이라고 불리는 마라톤 경기에 웬 광신도가 뛰어든 사건까지 너무나 어처구니없는 일들도 많이 일어났지만, 그래도 내 기억엔 세계 각지에서 모여든 젊은이들이 혼신의 힘을 다해 이루어낸 수많은 명승부의 감동이 더욱 진하게 남아 있다.

　그러나 지금까지도 내 가슴에 눈물겨운 안타까움으로 남아 있는 것은 바로 여자 핸드볼의 은메달이다. 우리나라는 결승전에서 세계 최강 덴마크와 2차 연장전까지 가는 격전을 벌인 끝에 34대 34로 비긴 뒤, 페널티 드로에서 4대 2로 져서 아쉽게 은메달에 만족해야 했다. 사실 그렇게 환상적인 경기를 보고 무슨 아쉬움이 남겠는가? 2차 연장전이 끝날 무렵 34대 33으로 이기고 있었는데 마지막 10초를 남기고 약간의 집중력 부족으로 통한의 동점골을 허용한 것은 승리의 여신이 우리 선수들만큼 열심히 한 덴마크 선수들을 차마 외면할 수 없었기 때문이겠지. 페널티 드로의 승부가 어떻게 될 것인지는 그야말로 신도 모르는 일 아닌가. 한국과 덴마크의 결승전은 핸드볼의 모든 것이 가장 멋있는 모습으로 눈부시게 빛난 경기였다.

  그럼에도 불구하고 내가 이렇게 자랑스러운 은메달을 안타까워하는 것은 순전히 미안한 마음 때문이다. 지난 1996년 아틀랜타 올림픽에서도 우리나라는 덴마크와 연장전까지 가는 접전을 벌인 끝에 아깝게 무릎을 꿇고 은메달을 차지했었다. 나는 아틀랜타 올림픽이 끝나고 2주일 쯤 지난 뒤 여자 핸드볼 아시아 클럽 대항전이 열리고 있던 잠실 학생체육관을 찾아갔다. 그냥 미안해서였다. 역대 올림픽에서 금메달 두 개, 은메달 두 개를 안겨준 '효녀 종목'에 대해 평소에는 아무런 관심도 가지질 않다가 올림픽 때만 되면 금메달을 따내라고 졸라대는 게 어찌나 미안하던지…… 그런데 경기장 안에 들어선 나는 너욱 미안해졌다. 유료 관중은 나를 포함해서 겨우 스무 명이나 될까? 그 밖의 관중들은 선수 가족들과 경기를 앞둔 다른 팀 선수들이었다(그때 관중석에서 내 앞을 왔다갔다하던 세계적인 스타 오성옥의 사인을 받아 지금까지 소중하게 간직하고 있다).

  8년이 지난 지금도 사정은 별로 나아진 것이 없는 것 같다. 올림픽이 끝난 뒤 우리 대표선수들 중 네 명은 뛸 곳이 없어지고, 임영철 국가대표팀 감독도 실업자가 될 판이었다. 그의 은메달 수상 인터뷰는 절규에 가까웠다.

"덴마크와 한국의 핸드볼 열기의 차이가 승부의 차이로 이어졌다고 생각합니다."

"올림픽까지 나온 선수들이 마음놓고 운동할 팀이 없는데 무슨 말을 더 해야 할까요?"

이제 '열악한 환경 아래서도 피나는 노력으로 기적적인 금메달을 따내는 일'은 그만 바라야 할 것 같다. 이제는 선수들에게 일방적인 희생만 요구할 것이 아니라 기대하는 만큼 투자를 하고 뿌린 만큼만 기대를 하는 합리적인 태도를 가져야 하지 않을까? 실제로 이번 아테네 올림픽에서 좋은 성적을 거둔 종목들은 대부분 과감한 투자와 완벽한 준비로 충분히 '예측 가능한' 성적을 기대했던 종목들이다.

그런데 이게 어디 스포츠에만 해당하는 원리겠는가? 교육, 과학, 기술, 국방, 경제…… 뭐 구차하게 더 늘어놓아야 할 필요가 있을까?

(2004)

교환법칙

'삽질 개천수'. 수원 서포터들이 지난 5월 21일 울산과의 홈경기에서 들고 있던 플래카드(?) 문구이다. 이천수는 경기 도중 습관성 어깨 탈구로 교체되면서 관중석을 향해 가운뎃손가락을 높이 치켜드는 것으로 답례를 했다. 이천수는 "비신사적인 행위로 본인은 물론 구단과 한국 프로축구의 명예를 실추시켰다"는 이유로 300만원의 벌금을 냈으며, 수원구단은 엄중경고 처분을 받았다. 24일 울산에서 벌어진 양팀의 재대결에 앞두고는 화해도 하고 사과도 했다.

이 사건에 대한 사람들의 반응은 대부분 "둘 다 똑 같다"인 것 같다. 그러나 나는 잘 모르겠다. '삽질 개천수'와 '가운뎃손가락'이 동일한 가치를 갖는 욕설인지는 잘 모르겠지만 모든 일에는 인과관계가 있는 법인데 어째서 원인행위와 대응행위가 똑같은 취급을 받는 것일까?

사람들은 덧셈에는 항상 교환법칙이 성립하는 것으로 알고 있다

(3+7이나 7+3이나 똑 같으니까). 그러나 콩나물국을 끓일 때 콩나물을 먼저 넣는 것과 파를 먼저 넣는 것에는 커다란 차이가 있다. 저녁 시간에 아이들에게 "밥 먹고 TV 보라"고 백날 말해봐야 헛일이다. 밥을 먹고 나면 재미있는 프로가 끝나버리는 것이다. 사춘기 고교생들에게 "일단 대학에 들어간 후에 이성 친구를 사귀라"는 말이 먹혀들지 않는 이유도 그것이 교환법칙이 성립하지 않는 연산이기 때문이다.

이천수의 경우도 마찬가지다. 수원 서포터들이 '삽질 개천수'란 저주에 가까운 야유로 이천수를 자극하지 않았다면 이천수의 가운뎃손가락은 그들을 향하지 않았을 것이다. 이천수의 가운뎃손가락을 본 후에 그런 야유가 터져나온 것이 아니지 않은가?

물론 축구선수들은 축구 팬들 고마운 줄 알아야 한다. 그러나 우리 축구 팬들도 축구선수들을 아낄 줄 알아야 한다. 누가 뭐라고 해도 이천수는 한국 축구의 현재이며 미래이다. 당장 5월 31일에 벌어질 한·일전에서도 우리는 그가 맹활약을 펼쳐 일본을 꺾어주기를 바라고 있지 않은가?

서포터란 자기가 좋아하는 축구팀을 응원하고 격려하는 것이 본분이지 상대 선수의 인격을 모독하고 조롱하는 '저격수'가 아니다. 다른 나라 사정이야 어찌 됐든 적어도 우리나라에서만큼은 축구선수와 축구 팬들이 서로 진정으로 아껴주고 신뢰할 수 있는 축구문화를 가졌으면 좋겠다.

(2003)

5부

수학자 위의 축구공

예일-하버드 축구경기

어린 시절 나의 꿈은 축구선수가 되는 것이었다. 비록 부족한 재능 때문에 그 꿈을 이루지 못하고 그 대신에 수학선수가 되고 말았지만, 나의 우상이었던 요한 크루이프처럼 훌륭한 축구선수가 되어 세계 각지를 돌아다니며 축구를 하는 꿈은 하루도 잊어본 적이 없나. 나는 시금도 축구 골문을 떠올리며 짐이 드는 사람이다. 그렇게 축구를 좋아하는 나에게 하느님은 필요한 재능은 주시지 않았지만, 어린 시설의 꿈을 비슷하게나마 흉내내볼 수 있는 기회는 주신 적이 있다.

지난 1991년 3월 중순 미국 노스캐롤라이나 주립대학교에서 전임강사 생활을 하고 있던 내게 뉴헤이븐에서 장거리 전화가 왔다. 예일 대학교 한인 유학생 회장을 맡고 있던 이상규 선배(현재 연세대학교 생물학과 교수)였다. 한 달 후(4월 20일)에 하버드 대학교 한인 유학생들과 체육대회를 하기로 했는데 전력상 '차범근 선수(=나)'가 필요하니 반드시 와서 뛰어달라는 부탁이었다. 내가 있던 랄리와 뉴헤이븐 사이의 거리는 자동차로 '겨우' 열두 시간 정도니까 비행기로 가면 금방이다. 그렇지만 어떤 미친놈이 축구하러(그것도 '동네 축구') 랄리에서 뉴헤이븐까지 날아간다는 말인가. 그것도 학기중에, '번데기' 전임강사가 말이다. 나는 정중하게 정신 나간 소리 하지 말자고 응대하고 전화를 끊었다. 그리고는 중얼거렸다.

"나 참, 내가 뭐 축구에 미친 놈인 줄 아나?"

그런데 그게 아니었다. 전화를 끊고 난 직후부터 나는 어떻게 하면 학기중에 수업을 빼먹고 '나를 절실하게 필요로 하는' 뉴헤이븐에 축구를 하러 갈 수 있을까를 고민하기 시작한 것이다. 어떻게 하면 뉴헤이븐엘 갈 수 있을까? 비행기표야 크레디트카드로 팍 사고 나서 나중에 마누라한테 혼나면 되는 거지만 문제는 시간이다. 학기중에 '동네 축구' 하러 가라고 수업을 빼주는 대학은 세상에 없을 것이기 때문이다. 나는 지난 1986년 멕시코 월드컵 때 조국의 부름을 받고 한국 대표팀에 합류한 차범근 선수가 된 기분으로 아무도 시키지 않은 '사명감'에 젖어 기필코 뉴헤이븐에 가고야 말겠다는 결의를 다지고 또 다졌다.

이러한 내 정성에 하느님도 감동하셨는지(하느님이 그렇게 한가한 분이 아닌 줄은 나도 잘 안다) 나에게 아주 좋은 아이디어를 주셨다. 합법적인 사기, 즉 편법을 생각한 것이다. 나는 우선 예일 대학교의 지도교수님께 연락을 취했다. 불행하게도 한 학기 동안 프랑스에 가 계신다는 대답이다. 그렇다고 쉽게 물러설 내가 아니다. 나는 내가 공부하는 분야에 관심을 가질 만한 다른 교수님의 학생에게 다음과 같은 '협박성 전자우편'을 띄웠다(그 교수님은 조금 무서워서 감히 직접 연락할 생각을 못 했다).

"다음은 내가 최근에 완성한 논문의 초록이다. 내 생각에는 너희 지도교수님께서 흥미를 가질 만하다고 생각한다. 만일 관심이 있어서 나를 초청하고 싶다면 내가 특별히 4월 20일이 들어 있는 주에 시간을 내서 예일 대학교에 가서 발표할 용의가 있다. 시간은 반드시 그때뿐이다. 그 이유는 나중에 설명해주겠다."

이런 비열한 공작은 대성공을 거두어 나는 예일 대학교 수학과의 초청으로 '특별 강연'을 하러 가게 되었다. 일정은 4월 17일 오후 출발, 18일 오후 강연, 19일 낮 토론, 20일 축구(이건 비밀), 21일 귀환. 그러니까 나는 왕복 비행기표와 강연료를 챙기는 한편 합법적인 이유로 수업을 빼먹고 축구를 할 수 있게 된 것이다.

커다란 가방에 축구화와 운동복을 챙겨넣고 의기양양하게 뉴헤이븐 행 비행기에 오르면서 나는 흥분된 마음을 금할 수가 없었다. 이거야말로 어린 시절부터 꿈꾸어오던 나의 모습이 아닌가. 나는 마치 만화의 주인공이 된 듯한 기분이었다.

'축구를 사랑하는 한 사나이가 알아주는 이 없이 외로운 들개처럼 황야를 헤맨다. 그러다가 드디어 그를 불러주는 곳이 있어 축구화를 둘러메고 경기장에 간다. 그 경기에서 그는 하느님도 감동할 만한 훌륭한 플레이를 펼쳐 떠오르는 스타가 된다.'

이런 황당무계한 생각에 사로잡힌 채 '특별 강연'을 끝내고 드디어 결전의 시간이 되었다. 나는 충분히 몸을 풀고 자신 있게 그라운드에 나섰다. 상대는 (예일 대학교보다는 조금 못하지만) '하버드 대학교의 공부벌레들'이 아닌가? 경기가 시작되자마자 나에게 황금같은 찬스가 왔다. 나에게 따라붙던 수비 두 명을 따돌리고 골키퍼와 일대 일로 마주한 것이다. 출렁이는 골네트, 관중의 환호 등을 떠올리며 여유 있게 밀어넣은 볼은 그러나 허무하게도 골대 밖으로 벗어나는 것이 아닌가. 떠들썩한 구경꾼 틈에서 날카로운 야유가 들려왔다.

"강석진, 집에 가서 애나 봐라!"

그뒤로는 어떻게 뛰었는지 정신이 없다. 나는 쉴새없이 슈팅을 날렸지만 골대에 맞질 않나, 골키퍼가 이상하게 쳐내질 않나, 도대체 되는 일이 없었다. 다행히 전반이 끝나기 직전에 한 골을 넣고 후반전에 또 한 골을 넣어 우리가 5대 0으로 대승을 거두는 데 '수훈(?)'을 세울 수 있었다(신문엔 "강석진, 무려 일곱 골 놓쳐" 따위의 제목이 나는 게 아니다. "강석진, 두 골 수훈!" 뭐, 이런 게 나는 것이다). 그날 밤 기고만장한 나는 〈밀림의 왕자 레오〉를 비롯, 수많은 만화영화 주제가를 부르며 환희의 절정을 만끽했었다.

지금도 예일 대학교 수학과의 모든 교수님들은 그때 내가 '특별강연'을 하러 왔다가 '우연히(!)' 예일-하버드 대항전 소식을 듣고 축구경기를 한 것으로 알고 있다. 비밀을 알고 있는 것은 수학과 친구 두 명과 도서실의 사서뿐이다. 그날로부터 이미 오랜 시간이 지났지만, 나는 축구화를 둘러메고 두근거리는 가슴으로 뉴헤이븐 행 비행기에 오르던 그 순간의 감동을 잊을 수가 없다. 마치 어린 시절 내 꿈이 이루어진 것만 같던 그 흥분된 순간을.

(1996)

축구와 나

축구는 내게 삶을 비춰보는 거울이다. 축구는 내게 인생의 진리가 담겨 있는 보고(寶庫)이며 온갖 비유의 샘물이다.

얼마 전 내가 지도하는 대학원생 하나를 불러 야단을 쳤다.

"너, '수학선수'가 되고 싶어, 아니면 해설자가 되고 싶어?"

이 학생은 내가 아끼는 학생이다. 수학적 재능이 뛰어난 까닭에 새로운 지식에 대한 흡수도 빠르고 멋있는 수학이 무엇인지도 알며 위대한 수학자의 계보 정도는 줄줄 외고 다닌다. 그러나 이것뿐이라면 '수학선수'가 될 수는 없다. 유럽과 남미의 선진축구를 많이 봐서 쓸데없이 눈만 높아진 '축구 지식인'들이 하는 소리를 들어보라.

"21세기 선진축구의 흐름은 4-4-2 전형을 통해 기계와 같은 조직력의 기반을 다지고 지단이나 피구와 같은 천재적인 선수의 창의적인 기량과 '생각하는 축구'를 변증법적으로 접목시켜 포스트모던을 뛰어넘는 예술의 수준으로 승화시킨 것이죠."

물론 수준 높은 축구문화를 위해서는 수준 높은 축구 팬의 존재가 필수적이다. 그러나 '예술적 차원의 축구'에 대해 말로 떠드는 것과 '동네 축구'라도 몸으로 직접 하는 것은 '땅과 하늘' 차이다. 축구선수는 축구에 대해 떠드는 사람이 아니라 축구경기를 몸으로 만들어 내는 사람이다. 끊임없는 훈련을 통해 '자기 기술'을 개발하여 체득하고, 실전에서는 이 '주특기'를 자유자재로 써먹을 수 있어야 한다. '수학선수'도 마찬가지다. '자기 주제'를 찾아 그 이론을 발전시키고 새로운 정리를 만들어내는 것은 축구선수가 '주특기'를 개발하여 실전에서 활용하는 과정과 같다. 겨우 '남의 수박 겉핥기'만 해대는 수제에 무슨 세계 최고의 지성을 섭립한 것처럼 설쳐내는 사람은 기껏해야 '장진구형 지식인'(연속극 〈아줌마〉를 보라)으로 끝나고 말 것이다. 그래서 내가 아끼는 학생에게 '수학 관선평'보나 '주특기'를 연마하는 데에 더욱 노력할 것을 강조했던 것이다.

오늘도 나는 수학과 학생들을 앞에 놓고 '조직의 보스'처럼 '축구로부터 수학을 배우라'고 큰소리를 친다.

"느이들 말야, 학부 땐 기본기가 중요하단 말야. 프로선수가 되고 나면 시합하기 바쁘지, 언제 기본기를 연습하겠냐? 그러니까 기본기는 지금 확실하게 해놓으란 말야."
 "야, 마라도나 좀 봐라. 슛은 왼발로만 하는데도 세계를 제패했잖아? 중요한 건 다만 몇 가지라도 확실한 주특기가 있어야 한단 말야. 알아, 몰라?"

(2001)

순대가 …… 어느 대학입니까?

　몇 년 전 어느 날 어느 국립대학교에서 자연대 교수들과 총장님의 간담회가 열렸다. 순수 기초과학의 연구와 교육에 힘쓰는 자연대 교수들의 고충과 애로사항을 총장님께 직접 전달하는 자리였다. 나는 그때 내가 마음의 고향으로 여기는 자연대 운동장을 없애고 그 자리에 새로운 건물을 짓기로 한 높은 분들의 결정에 대해 매우 속상해하고 있었으므로 며칠 전부터 잔뜩 벼르고 있었다.

　간담회가 시작되자 여러 선생님들이 '연구 공간 확보' 같은 매우 고매하고 훌륭한 말씀들을 늘어놓기 시작했다. 더이상 기다릴 시간이 없다고 판단한 내가 손을 들어 발언권을 얻었다.

　"총장님, 수학과의 강석진입니다. 자연대 운동장이 없어진다는데 대책을 세워주십시오. 저뿐만 아니라 자연대와 공대의 교수·학생들에겐 자연대 운동장이 연구와 교육에 필수적입니다."

다른 선생님들이 "와아~" 하고 웃어댔다. 나는 진지하고 심각한데 재미있다는 듯 웃는 인간들을 보고 있으려니 나도 모르게 분노가 치밀어올랐다.

"총장님, 이런 식으로 운동장을 하나둘씩 잡아먹다가는 이 학교가 순대가 되고 말 것입니다!"

총장님께서 의아하다는 표정으로 나를 물끄러미 바라보시며 질문하셨다.

"순대가…… 어느 대학을…… 말하는 겁니까?"

순간 대형 강의실이 떠나갈 듯한 폭소가 터졌다. 당황한 내가 더 듬거리며 보충 설명을 드렸다.

"그게요…… 대학이 아니라요…… 돼지 창자에 고기와 당면 조각 같은 걸 다져넣은 건데요……"

간담회가 열리던 건물은 지진이라도 난 듯 세차게 흔들렸고, 총장님도 나도 얼굴이 벌게져서 씩씩거리다가 그만 다른 '고매한 의견'을 듣는 순서로 넘어가고 말았다.

요즘 그 국립대학교에서는 총장배 축구대회가 벌어지고 있다. 무려 55개 팀이 출전했는데 운동장은 겨우 1.6개(대운동장+기숙사 운동장)뿐이다. 그야말로 순대 속의 고기가루처럼 축구를 하고 있는 학생들을 바라보다가 '그때 그 질문'이 떠올랐다. 지금이라면 이렇게 대답했을 것이다.

"아니, 여기가 바로 순대 아닙니까!?"

그래도 순대 속의 학생들은 한없이 즐거워 보였다. 축구를 하고 있었으니까……

(2003)

사랑의 아픔

지난 주말 서귀포 월드컵 경기장을 다녀왔다. FA컵 준결승전과 결승전을 보기 위해서였다. 매표소 앞에 길게 늘어선 줄, 며칠 전부터 텐트를 치며 기다리는 축구 팬들, 뭐 이런 것들을 예상하고 입장권을 구하지 못할까봐 노심초사하며 아침과 점심도 거른 채 달려간 경기장에서 나는 대한축구협회의 세계적 수준의 행정력을 다시 한번 확인할 수 있었다. 과연 '책임 있는 답변'의 주인공이 자신만만하게 보상하던 대로 경기장은 텅 비어 있었다. 태풍에 지붕이 날아가버려 앙상한 뼈대를 드러낸 채 우두커니 서 있는 서귀포 월드컵 경기장의 모습은 세계에서 가장 아름다운 자태를 기억하는 내겐 커다란 고통이었다. 게다가 굶주린 배를 채울 수단도 없었다. 경기장 안에선 아무것도 팔지 않았기 때문이다. 다행히 경기장 밖의 포장마차에서 컵라면을 사먹은 덕분에 아사(餓死)는 면할 수 있었다.

그래도 난 절망하지 않고 본부석 맞은편의 하늘 높은 자리를 찾아갔다. 그곳은 '하늘과 산과 바다와 축구'를 동시에 감상할 수 있는 세계에서 유일한 곳이기 때문이다. 그런데 이게 웬일일까? 그곳에는 '출입금지' 표시가 붙어 있었다. 나는 다시 목표를 본부석 바로 위의 관중석으로 바꿨다. 그리고 꿈에도 그리던 그 모든 것을 한꺼번에 볼 수 있었다. 하늘과 산과 바다와 축구…… 다행히도(?) 지붕이 날아간 덕분에 기둥 사이로 한라산이 웅장한 자태를 드러냈기 때문이다.

두꺼운 옷으로 온몸을 칭칭 감싸고 추위에 떨며 지켜본 경기 장면을 하나하나 되살릴 생각은 없다. 나는 그때 '하늘과 산과 바다와 축구'를 한 자리에서 바라보며 갑자기 심각한 '사랑의 아픔'에 빠져버렸기 때문이다. 나는 축구를 너무나 사랑하고 그리워한 나머지 만사를 제쳐놓고 여기까지 왔다. 축구는 내 인생의 소중한 의미이며 거의 절대적인 사랑의 대상이다. 그런데 나는 축구에게 도대체 무엇일까? 내가 여왕처럼 떠받드는 축구는 도대체 나를 어떻게 생각하고 있는 걸까?

끝없이 펼쳐진 수평선, 서서히 해가 지는 쪽빛 바다를 바라보며 나는 왠지 슬프고 허망한 느낌이 들었다. 올해는 한국 축구 사상 최고의 해였다. 우리나라는 한일 월드컵을 매우 성공적으로 치러냈으며, 대표팀은 '월드컵 4강'에 올랐다. 게다가 각급 청소년 대표팀은 모두 아시아를 제패했다. 이보다 더 성공적인 한 해는 아마 앞으로도 없을 것이다. 따라서 나는 지금 지극히 만족스럽고 행복한 기분이어야 한다. 그러나 '하늘과 산과 바다와 축구'가 한데 어우러진 서귀포 월드컵 경기장에서 나는 자꾸만 반문하고 있었다. 축구는 내게 무엇일까? 나는 축구에게 무엇일까? 2002년 월드컵은 우리에게 과연 무엇이었을까? 그 모든 사랑과 열정과 기쁨이 그저 '한여름 밤의 꿈'이었을까?

(2002)

3-4위전의 의미

지난 화요일 어느 국립대학교 대운동장을 찾아갔다. 내가 감독이라고 주장하고 있는 자연대 축구부 A팀이 결승에 진출했기 때문이다. 경기 시간은 오후 세시. 원래 계획은 두시 삼십분경에 운동장에 나가 응원을 할 생각이었으나 오전 아홉시가 지나자 마음의 평정을 찾을 수가 없었다. 결국 열시가 조금 넘어 운동장에 나갔다. 마침 열한시부터 3-4위전을 한다고 했다. 골문 뒤 스탠드에 홀로 앉아 3-4위전을 지켜보다가 문득 1997년 총장배대회가 생각났다.

그때 우리 팀은 예선부터 준결승전까지 무려 27득점, 무실점의 기록으로 순항중이었다. 지금 생각해도 그때가 사상 최강의 멤버였던 것 같다. 그리고 준결승전 1분 정도를 남길 때까지도 우리는 1대 0으로 이기고 있었다. 그러나 곧이어 결코 잊을 수 없는 운명의 순간이 다가왔다. 우리 수비수 한 명이 핸들링 반칙을 범해 문전 프리킥을 내준 것이다. 그래도 나는 '설마 저게 골로 연결될까' 안심하고 있었다. 그런데 '그게 설마' 극적인 동점골로 연결됐고 우리는 결국 승부차기 끝에 아깝게 지고 말았다.

그날 저녁 3-4위전 작전을 상의하기 위해 주장에게 전화를 걸었더니 전화기가 꺼져 있었다. 사태의 심각성을 직감한 나는 즉시 학교 앞으로 출동하여 모든 술집과 당구장을 뒤지기 시작했다. 한 시간쯤 지났을까. 어느 호프집에 '젖은 짚단처럼' 널려 있던 녀석들을 찾아낼 수 있었다. 나는 그때 이렇게 야단쳤다.

"내가 내 인생을 돌이켜보아도 아예 지워버리고 싶을 만큼 부끄러운 과거가 너무나 많이 있다. 그래도 지금 이 모습이 내가 아끼고 사랑해야 하는 내 인생이라고 생각하기 때문에 언제나 현재의 위치에서 최선을 다하려고 노력하고 있다. 우리가 결승 문턱에서 아깝게 진 것이 부끄러운 일은 아니지 않느냐? 비록 우승의 꿈은 이룰 수 없지만 아직 한 경기가 남아 있으니 최선을 다해 3위를 차지하도록 하자."

술에 취하고 패배에 취한 녀석들은 눈물을 뿌리며 나를 따라 일어섰다. 그리고 다음날 아침 어이없게도 상대팀의 기권으로 3위를 차지했다.

내가 이런저런 생각에 빠져 있는 동안 3-4위전이 끝났다. 약간 맥이 풀린 경기였지만 3위를 차지한 팀은 마치 우승이나 한 것처럼 즐거워했다. 우리 팀은 결승전에서 경영대 축구부를 2대 0으로 완파하고 우승을 차지했다. 나는 고맙고 자랑스러운 우리 축구부원들에게 다시 한번 다짐을 했다.

"우리는 지금 우승의 기쁨을 누릴 자격이 충분하다. 그러나 일정 부분 행운이 따른 것도 사실이다. 이길 때 우아하고 질 때에 당당한, 그런 축구부가 되자."

(2003)

뜨거운 여름날의 추억

　고등학교 2학년 여름방학을 며칠 앞둔 뜨거운 여름날이었다. 나는 페널티 마크 위에 살짝 놓인 축구공을 바라보며 호흡을 가다듬었다. 마지막 키커였기 때문이다. 체육시간에 옆반과 '빵 60개 내기 친선 경기(?)'가 붙었는데 1대 1 무승부가 되어 승부차기에 들어간 것이다. 그대로 그냥 돌아서기엔 우리들의 젊은 혈기가 너무나 왕성했다.
　내가 차기 직전의 스코어는 4대 3. 이걸 넣지 못하면 우린 진다. 긴장됐다. 나는 항상 하던 대로 골키퍼를 살짝 속인 뒤 반대편 구석으로 확실하게 차넣었다. 볼은 뒤쪽 골대를 맞고 튀어나왔다. 안도의 한숨이 쏟아져나왔다. 그런데 이게 웬일인가? 체육선생님께서 골이 아니라고 판정을 해버린 것이다. 상대 반 학생들은 극적인 승리(?)에 열광했고 그중 한 녀석은 빵 60개를 들고 자기네 반으로 뛰어들어갔다. 나는 물론 강력히 항의했다. 그러나 어쩌겠는가. 운동장에서는 심판의 판정이 절대적인 것을.

그때 의외의 원군이 나타났다. 국사선생님께서 경기를 보고 계시다가 운동장을 향해 소리치신 것이다.

"그거 들어간 거야!!"

고맙게도 체육선생님께서는 판정을 번복하셨다. FIFA 규정에는 어긋나지만 우리는 세 명씩 나와서 연장전(?)을 벌였다. 사기가 오른 우리 골키퍼가 골 하나를 멋지게 선방하여 우리가 앞서나갔다. 그리고 내 차례가 됐다. 역시 마지막이었다. 이것만 넣으면 우린 이긴다. 흥분됐다. 내가 찬 볼은 이번에도 뒤쪽 골대를 강하게 맞고 튀어나왔다. 그때까지 숨죽이며 경기를 지켜보던 우리 반 친구들이 모두 미친 듯이 환호성을 질러댔다. 그중 몇 명은 옆반에 빵을 되찾으러 쳐들어갔다. 빵은 이미 반도 안 남아 있었다. 그러나 빵이 문제가 아니었다. 우린 드디어 이긴 것이다.

그런데 그때의 국사선생님은 사실은 바로 상대 반 담임선생님이셨다. 그분께서는 그렇게 엉터리로 이기는 건 용납할 수 없었던 것이다. 오랜 세월이 흐른 지금도 나는 가끔씩 그날의 승부차기를 떠올린다. 그리고 정정당당한 승부의 소중함을 실천으로 가르쳐주신 우리 국사선생님을 생각한다.

(2002)

그네
―마르크 비비앙 푀를 추모하며

　지난 6월 30일 새벽 프랑스와 카메룬의 컨페더레이션스컵 결승전을 TV로 지켜봤다. 사흘 전 콜롬비아와의 준결승전 도중에 숨진 카메룬의 미드필더 마르크 비비앙 푀의 모습은 물론 보이지 않았다. 그는 카메룬의 '불굴의 사자들' 중에서도 가장 활기차게 움직이던 선수였다. 그런 선수가 별다른 신체접촉도 없었는데 갑자기 쓰러져 세상을 떠난 것이다.
　양팀 선수들은 푀의 넋을 위로하는 경건한 의식을 가진 뒤 경기에 임했다. 경기 내용은 결승전답게 박진감이 넘치는 아주 수준 높은 경기였다. 골과 다름없는 날카로운 슈팅이 여러 차례 나왔고, 그때마다 선수들도 관중들도 안타까운 함성을 토해냈다. 0대 0으로 팽팽하게 진행되던 승부는 결국 연장전에서 판가름이 났다. 연장 전반 7분 튀랑이 깊게 찔러준 볼을 앙리가 오른쪽 무릎으로 방향을 바꿔놓아 골든골을 터뜨린 것이다.

그런데 나는 경기에 몰입하지 못하고 어린 시절 기억을 떠올렸다. 초등학교 5학년 무렵 친구들과 축구를 하던 나는 왼쪽 무릎이 깊게 파이는 상처를 입었다. 피와 먼지로 범벅이 된 상처 부위를 대충 닦아내고 학교 양호실에서 빨간 약을 잔뜩 발랐지만, 그날 다시 축구를 할 수는 없는 상태였다.

그래도 나는 아쉬운 마음에 차마 집으로 돌아가지 못하고 운동장 구석에 있는 그네에 걸터앉아 다른 아이들이 (나를 빼고!) 축구하는 것을 지켜봤다. 나는 그때 세상을 떠난다는 것이 바로 이런 것이라는 생각을 했었다. 내가 없어도 다른 아이들은 저렇게 아무 일 없듯 즐겁게 공을 차고 논다는 것. 나는 차마 아쉬워서 집으로 돌아가지 못하고 이렇게 그네에 홀로 앉아 아이들이 공을 차고 노는 모습을 하염없이 지켜보고 있다는 것……

TV 속에서는 프랑스의 아트 사커와 카메룬의 투지 넘치는 플레이가 한데 어우러져 숨막히는 순간이 이어지는데 나는 자꾸만 슬픈 생각이 들었다. 마르크 비비앙 푀가 차마 집으로 돌아가지 못하고 그네에 걸터앉아 하염없이 이 경기를 지켜보고 있을 것이라는 생각이……

지난 7월 7일 카메룬의 수도 야운데에서는 푀의 장례식이 성대하게 거행되었다고 한다. 지금쯤 그는 하늘나라에 있는 집으로 돌아가 편안히 쉬고 있을까……

(2003)

요괴 축구인간
— 빨리 축구인이 되고 싶다

2002년 월드컵을 앞두고 대한축구협회 소식지 『축구 가족』으로부터 전화가 왔다. '축구 마니아'를 찾는단다. 직업 수학자인 나는 당연히 '축구 마니아'의 정의가 뭐냐고 물었고, 『축구 가족』은 '축구인이 아니면서 축구를 정말로 사랑하는 사람'이라고 대답했다. 그 순간 나도 모르게 탄식이 흘러나왔다.

"아니, 이럴 수가…… 나는 지금까지 내가 축구인인 줄 알고 있었는데…… 그럼 나는 '요괴 축구인간'이란 말인가……"

나는 서울대학교 '자연대 축구부' 감독이다. '자연대 축구부'는 원래 '문리대 축구부'였다가 지난 1975년 서울대학교가 관악캠퍼스로 이사를 하면서 문리대가 인문대와 사회대, 자연대로 분리될 때 탄생했다. 감독이긴 하지만 허울만 그럴듯하지 내가 하는 일은 그저 소리지르는 일뿐이다. 선수 선발과 교체, 전략 및 전술 결정, 훈련 일정 편성 등 우리 팀의 모든 권력은 주장에게 집중되어 있다. 대학생 스스로가 자율적으로 훈련하며 축구를 즐기는 대학생 동아리 본연의 모습을 유지하기 위해서다. 그렇지만 우리 자연대 축구부는 '축구 동호회'가 아니라 '축구부'라는 사실을 강조하며 운동을 한다. '동네 축구'가 아니라 '수준 높은 정통 축구'를 지향한다는 뜻이다. 우리 학교에만도 이런 '세미 아마추어' 축구부가 공대 축구부, 농대 축구부, 싸커 21, 관악사 축구부 등 여러 팀이 있다. 당연히 자기들끼리 서로 대학 내 최고 명문이라고 주장하며 도토리 키재기를 한다(요즘엔 어떻게 된 영문인지 '관악사 탁구부 부설 축구반'이 자기네가 축구 최고 명문이라고 주장한다). 내가 지난 1980년 대학에 입학한 이래 자연대 축구부는 내 삶의 심장부에 위치해 있었다. 10년에 가까운 이국 생활 중에서도 눈을 감으면 떠오르던 곳은 자연대 운동장이었다. 내 인생에서 가장 영광스러운 순간도 대학 2학년 때 총장배 결승전에서 농대 축구부를 상대로 결승 선제골을 넣었던 순간이다. 이런 내가 겨우 '축구 마니아'란 말인가.

내가 우리 축구부원들에게 가장 강조하는 것은 '정정당당하고 아름다운 축구'이다. 나는 상대가 누구든 반칙하지 않고도 얼마든지 이길 수 있다고 믿는 오만한 사람이다. 지난 1996년 아틀랜타 올림픽에서 일본 여자 유도의 신화적 존재인 다무라 료코와 맞붙어 기적적인 승리를 이끌어냈던 북한의 계순희는 경기 후 "이 세상에 완전한 인간은 없다고 생각했다"고 대답했었다. 얼마나 멋진 말인가. 물론 이길 수 있다는 신념만 가지면 승리가 저절로 따라온다고 생각하는 밥통은 없을 것이다. 이 세상에 쉬운 일은 없으며, 아무리 작은 것을 이루려 해도 그에 걸맞은 희생과 헌신이 따르기 마련이다. 정정당당한 축구, 정정당당한 인생은 그만한 실력이 뒤를 받쳐줘야 가능하다. 내가 말하고 싶은 것은, 힘들게 이끌어낸 승리를 비열한 반칙으로 더럽히는 것은 깨끗한 패배보다 훨씬 더 치욕적이라는 것이다(이쯤 얘기하면 세상을 살 만큼 산 대학원생들은 "선생님은 아직 인생의 매운 맛을 모르십니다" 하는 표정을 지으며 마지못해 고개를 끄덕인다. 못된 녀석들. 하긴 마라도나가 '신의 손'을 운위하듯이 학문의 세계에서도 끊임없이 남의 유니폼을 붙잡고 늘어지며 다리를 걸어대면서도 대가인 척하는 '분'들이 '아주 조금' 있으니까).

　내가 말하는 '아름다운 축구'는 물론 강인한 체력, 뛰어난 개인기, 그리고 조화로운 팀플레이가 균형을 이룬 차원 높은 정통 축구가 기본이다. 그러나 그것만은 아니다. 언제부터인지는 모르지만(아마 조선 시대에도 그랬던 것 같다) 우리 사회는 도무지 정당한 경쟁에 의한 승부를 인정하지 않는 것 같다. 축구경기든 대통령 선거든 이긴 팀은 최우수 선수부터 감독상까지 모든 걸 싹쓸이하려고 하고, 진 팀은 심판 판정에 대한 시비부터 황당무계한 '음모론'까지 오만가지 핑곗거리를 찾아낸다. 그리고 이런 핑계가 이상하리만큼 잘 먹혀드는 사회가 우리 사회다. 우리 자연대 축구부는 이겼을 때 상대방을 조롱하지 않고 오히려 칭찬할 줄 아는 우아함과, 졌을 때 상대방의 존경과 감탄을 자아낼 수 있는 당당함을 함께 지닌, 정말 멋진 축구를 하고 싶다.

　나는 또 우리 축구부원들에게 '지식인'이 되지 말고 '축구인'이 되라고 가르친다. 지식인은 번지르르한 말만 늘어놓을 줄 알지 자기가 저지른 일에 대해 책임질 줄을 모른다. 골대 근처에서 찬스가 오면 과감하게 슛을 때릴 줄 아는 책임감과 결단력, 팀을 위하여 자신의 헛된 욕심을 잠재울 줄 아는 헌신과 희생정신, 이런 것들을 갖춘 진정한 축구인으로 성장하는 것이 우리 자연대 축구부의 꿈이라는 뜻이다. 그리고 이 꿈은 이루어지는 과정에 있다. 우리 축구부원 모두가 축구를 인생의 거울로 삼을 만큼 축구를 진정으로 사랑하기 때문이다. 자, 이래도 내가 축구인이 아니란 말인가.

　이쯤에서 그만 쓰는 것이 낫겠다. 떠들면 떠들수록 "와, 쟤 정말 축구 마니안가봐?" 하는 반응을 보일 것이 뻔하기 때문이다(사실은 "와, 쟤 정말 지식인인가봐?" 하는 반응이 더 무섭다). 진정한 축구인은 모든 걸 행동으로 보여준다.

(2000)

수학자 위의 축구공
ⓒ 강석진 2006

초판인쇄 | 2006년 6월 2일
초판발행 | 2006년 6월 9일

지은이 | 강석진
펴낸이 | 강병선
책임편집 | 조연주 김송은
펴낸곳 | (주)문학동네
출판등록 | 1993년 10월 22일 제406-2003-000045호

주　　소 | 413-756 경기도 파주시 교하읍 문발리 파주출판도시 513-8
전자우편 | editor@munhak.com
전화번호 | 031) 955-8888
팩　　스 | 031) 955-8855

ISBN 89-546-0165-0 03690

* 이 책의 판권은 지은이와 문학동네에 있습니다.
  이 책 내용의 전부 또는 일부를 재사용하려면 반드시 양측의 서면 동의를 받아야 합니다.
* 이 도서의 국립중앙도서관 출판시도서목록(CIP)은 e-CIP 홈페이지(http://www.nl.go.kr/cip.php)에서 이용하실 수 있습니다.(CIP제어번호: CIP2006001214)

www.munhak.com